居民消费升级与经济高质量发展：理论机理与实证检验

董建博　张　敏　著

中国农业出版社
北　京

图书在版编目（CIP）数据

居民消费升级与经济高质量发展：理论机理与实证检验／董建博，张敏著．—北京：中国农业出版社，2023.12

ISBN 978-7-109-31606-5

Ⅰ.①居…　Ⅱ.①董…　②张…　Ⅲ.①居民消费－关系－经济发展－研究－中国　Ⅳ.①F126.1　②F124

中国国家版本馆 CIP 数据核字（2023）第 252482 号

中国农业出版社出版

地址：北京市朝阳区麦子店街 18 号楼

邮编：100125

责任编辑：闫保荣　　　文字编辑：何　玮

版式设计：小荷博睿　　责任校对：吴丽婷

印刷：北京中兴印刷有限公司

版次：2023 年 12 月第 1 版

印次：2023 年 12 月北京第 1 次印刷

发行：新华书店北京发行所

开本：700mm×1000mm　1/16

印张：12

字数：200 千字

定价：68.00 元

前言

FOREWORD

在四十多年的改革开放进程中，我国经济始终保持着较高的增速，发展为世界第二大经济体。然而在经济高增长的背后，经济结构失衡、后续增长动力不足、贫富差距逐步拉大、生态环境遭到破坏、资源消耗过度等问题渐渐凸显。这就需要转变经济增长方式、优化经济结构，使经济由高速度增长转向高质量发展。这也契合了党的十九大报告中提出的“经济转向”观点。因此，不论是在实践中还是政策导向上，经济高质量发展都已成为当前我国经济发展的最迫切要求。在影响经济高质量发展的诸多要素中，消费作为拉动经济增长的第一动力，对经济高质量发展产生重要影响，是新时代我国实现经济高质量发展的重要路径。如何发挥消费促进经济高质量发展的作用，是当前管理学、经济学、社会学研究的热点问题。

近年来，我国居民消费一直处于升级趋势中，消费结构优化升级现象明显、消费品质逐步提升，居民需求的改变驱动着市场结构产生变化，从而影响着经济发展方向。居民消费升级到底是能够促进经济高质量发展，还是会抑制经济高质量发展？为了回答该问题，本书进行了理论探索和实证检验，围绕“消费升级对经济高质量发展的影响”这一核心问题，从我国消费升级现状入手，结合新发展理念构建了一个包含创新发展、协调发展、绿色发展、开放发展和共享发展五个维度的经济质量评价体系，在理论诠释消费升级对经济高质量发展影响机理的基础上，基于2000—2019年全国省级面板数据进行了实证检验。

研究结果表明：①通过机理分析发现，居民消费结构升级和居民消费品质升级可以通过影响创新发展、协调发展、绿色发展、开放发展及共享发展五大维度进而影响经济高质量发展的水平。②我国居民消费水平增长的同时，居民消费率逐渐下降，居民消费结构优化明显，具有典型的由生存型向发展享受型升级转变的趋势。与此同时，在居民群体里，消费品质有向更高品质升级的趋势。③运用熵值赋权法，结合五大维度的相关数据计算整理得出，2000—2019年我国经济高质量发展综合指数呈现持续上升态势，整体呈现"东高、中平、西低"以及"南高北低"的发展格局。从省际来看，经过近20年的发展，到2019年末，北京市的经济高质量发展综合指数在各省市中是最高值，而贵州、甘肃和青海的经济高质量发展水平在所有省份中处于较低水平。④从对经济高质量发展综合指数的影响结果来看，城乡居民消费结构升级对经济高质量发展水平具有显著的提升作用。从分维度来看，城市居民消费结构升级有助于经济创新发展、绿色发展与开放发展，但对协调和共享发展的影响不显著；农村居民消费结构升级有助于经济创新发展、协调发展、绿色发展和共享发展，但对开放发展的影响不显著。从东中西部地区区域异质性来看，城市居民消费结构升级对东中西部地区经济质量提升具有显著的正向作用，农村居民消费结构升级对中西部地区经济质量提升具有显著的正向作用，但对东部地区的影响不显著。从南北方区域异质性来看，无论是城市居民消费结构升级还是农村居民消费结构升级都对各自区域的经济高质量发展水平起到了有效促进作用，其中，北方地区的城乡居民消费结构升级对经济发展质量的影响系数比南方地区城乡居民消费结构升级对经济发展质量的影响系数更大。最后，考察了居民消费结构升级与经济高质量发展的非线性关系，研究结果发现农村居民的消费结构升级对经济高质量发展的影响存在倒“U”形的非线性关系，当达到一定的水平值以后，农村居民消费结构升级会对经济高质量发展产生负效应的影响。⑤回归结果显示，城乡居民消费品质升级对经济高质量发展具有显著的积极作用。从分维度来看，城市居民消费品质升级可以促进经济的创新发展、开放发展以及绿色发展，但是对协调发展影响显著为负，对共享发展的作用不显著；农村居民消费品质升级对经济的创新发展、协调发展、绿色发展、开放发展和共享发展五个维度均具有显著促进作用。从东中西部地区区域异质性来看，城市居民消费品质升级有助于促进东部和西部地区的经济高质量发展，但是对于中部地区的促进作用不显著；农村居民消费品质升级对东中西部的经济高质量发展都具有显著的促进作用，且对东部地区的影响系数更大。从南北方区域异质性来看，无论是城市居民还是农村居民的消费品质升级对南北方地区的影响系数均为正值，但南方地区的农村居民消费品质升级对经济高质量发展的影响结果不显著。最后，考察了居民消费品质升级与经济高质量发展的非线性关系，研究结果发现城乡居民的消费品质升级对经济高质量发展的影响都存在着倒“U”形的非线性关系，当达到一定的水平值以后，居民消费品质升级将会对经济高质量发展产生负效应。

在综合研究结果和结论基础上，本书对居民消费升级促进经济高质量发展提出对策建议：一是应该加快不同档次消费品的替代转化，完善产能淘汰机制；二是要改善消费环境，助推消费升级；三是要缩小收入差距，推动共同富裕；四是要分不同收入群体加快居民消费结构升级；五是要提倡适度消费，促进理性消费升级；六是要向消费者增强绿色健康等商品质量信号显示，促使社会形成绿色健康的高品质消费风尚；七是鼓励居民群体的消费共享，促进共享经济发展。

目录

CONTENTS

第1章 绪论

1.1 选题背景与研究意义

1.1.1 选题背景

1.1.1.1 政策背景

面对近几年严峻的国内外经济发展形势，我国适时提出了要加快形成以内循环为主体、国内国际双循环互促的新发展格局。而要想顺利实施内循环路线，落脚点是要有效扩大国内需求，居民消费是国内需求的重要组成部分，在投资拉动内需的效力日益衰弱的现实情况下，居民消费在国内大循环的顺利推进以及我国经济发展的水平与质量提升方面变得举足轻重。

近些年来，国家一直高度重视消费问题，党的十九大报告更是指出要“增强消费对经济发展的基础性作用”。报告中强调消费对“经济发展”而不是“经济增长”的基础性作用，这说明消费基础性作用的增强不能仅通过提升居民消费需求数量，更需要通过居民消费结构升级和居民消费品质的提高来实现，从而推动新时代经济高质量发展。

2017年中央正式提出“我国经济已由高速增长阶段转向高质量发展阶段”，这是对新时代经济发展基本特征的新概括，具有十分重要的理论与现实意义。要想实现经济高质量发展，不仅需要在供给侧发力，还需要在需求侧尤其是居民消费端做好工作。从需求端来看，经济高质量发展要求更多地关注居民福利水平和生活品质的提升，而消费是居民美好生活需要的直接体现，也是生产的最终目的和动力。因而，在高质量发展进程中，我们不仅要强调供给侧改革，更要重视需求侧的作用。但目前无论是学术上还是政策倾斜上，对经济高质量发展的实现大都强调从供给侧着力，需求侧研究还显得不够深入。经济高质量发展是需求和供给两个方面协调一致、共同作用才可以实现的，离开消费对供给能力提升的促进作用，只重视解决供给侧问题是无法真正实现经济高质量发展目标的。因此，在实现经济高质量发展的道路上，重视消费的基础性作用，把握消费与生产的协调性非常必要。

1.1.1.2 现实背景

亚当·斯密曾指出，消费是一切生产的终点和唯一目标。居民消费升级是经济增长的动力之源，也体现了人民对更加美好的生活的追求和向往。因此，居民消费升级问题不仅仅是民生的问题，更是促进我国经济结构转型和提升经济发展质量的重要推手和内生动力。从理论上讲，任何生产的目的都是消费，消费是社会总产品价值实现的环节，对推进经济高质量发展有着重要的现实意义。

经过改革开放四十多年的发展，我国居民消费水平有了显著提高，从生存型、温饱型消费逐渐演变为发展型、享受型消费，消费升级趋势明显。各类商品的人均拥有量持续增长，并出现过几次代表性的升级换代，如 20 世纪 90 年代以“冰箱、彩电、洗衣机”为代表的新“三大件”逐渐取代了以往流行旧的“三大件”（缝纫机、自行车、手表），现阶段智能手机、电动汽车、休闲旅游等正在成为家庭消费新的热点。另外，从我国居民的恩格尔系数来看，改革开放后恩格尔系数整体呈现逐步下降的趋势。1978 年，无论是农村居民还是城市居民的家庭恩格尔系数都较高，分别为 67.7％和 57.5％，这也是当时我国居民整体生活贫穷的一种体现。而到了 2017 年，我国居民的恩格尔系数已经下降为 29.5％，处于联合国划分的 20％～30％的富足水平区间。这一数据的变化也说明了经过几十年的经济发展，我国居民生活水平得到了显著提升，消费结构逐渐从物质型向服务型转变，服务型消费占总消费的比重在不断上升。

但是，不可否认目前我国居民消费率依然偏低，与发达国家相比仍然有很大的差距。从国际对比来看，截至 2019 年，中国居民消费率为 38.8%，英国居民消费率为 66%，德国居民消费率为 52%，美国居民消费率为 68%，日本居民消费率为 56%，韩国居民消费率为 49%。不难看出，与这些发达国家相比，我国居民消费率较低。因此，今后需要进一步激发我国居民的消费潜能，完善促进消费升级的体制机制，进一步提升居民消费数量，优化消费结构与品质，为实现经济高质量发展保驾护航。

推动经济高质量发展既是实现全面建设社会主义现代化国家的必然要求，也是适应我国社会主要矛盾变化的必然要求。现阶段我国消费升级明显，但居民对很多优质产品的需求在国内无法得到有效满足，因而只能“用脚投票”选择购买大量海外高端产品来满足自己的需求，这一现象深刻反映了国内产业高质量供给能力和消费者的升级需求的不匹配。虽然我国居民收入水平提升，但国内产业体系短时间内无法发生根本性质变，导致效率低下、资源浪费、产品质量不高、产品标准不严、品牌意识不强等矛盾突显，严重制约了消费对促进经济发展的基础性作用。国内企业要想重新得到市场认可，必须顺应居民消费升级要求，重视并不断提高产品质量和服务品质，如此才能增强与国外同行业企业的竞争力，才能赢得更多国内居民消费需求升级的市场空间。以上分析充分说明了居民消费升级是实现经济高质量发展的一个关键动力源。未来我国应该如何转变经济发展模式，如何增强消费对经济发展的基础性作用？通过消费升级来推进我国经济高质量发展是一个非常值得研究的方向。本书将系统地对以下问题进行分析：居民消费升级促进经济高质量发展的内在机理是什么？居民消费升级水平对经济高质量发展的具体影响如何？居民消费升级对经济高质量发展的影响是否存在非线性关系？在区域层面，居民消费升级对经济高质量发展的影响是否存在异质性？通过分析找出制约我国居民消费升级的因素有哪些以及如何进一步发挥居民消费升级促进经济高质量发展的作用等。

1.1.2 研究意义

1.1.2.1 理论意义

（1）发展和丰富了经济高质量发展与居民消费升级的理论支撑范式。本书立足于中国经济高质量发展的目标，结合当前中国居民消费的特点，尝试分析中国居民消费升级的表象特征和对推动经济高质量发展的作用机制，揭示居民消费升级对经济高质量发展的具体影响。

（2）拓展了居民消费升级与经济高质量发展的研究内容。现有关于居民消费升级对经济发展质量的促进机制的研究大多是定性的理论分析，本书运用了合适的计量模型实证分析居民消费升级对经济高质量发展的影响。以定性分析和定量分析相结合的方式对问题进行深入研究，既可以厘清居民消费升级与经济高质量发展之间的内在联系，还可以深入研究居民消费升级促进经济高质量发展的内在机理，同时也可以探究如何促进居民消费升级等方面的内容。

（3）有利于促进相关学科的跨学科交叉领域的研究。本书内容为居民消费升级对经济高质量发展的影响研究，主要是从经济学角度进行阐释和分析，但居民消费升级与经济高质量发展的研究内容也涉及管理、社会、文化、生态等多学科，在经济高质量发展水平等测度指标选择和综合评价过程中也涉及统计学和社会学等多个学科，具有非常强的学科交叉性。

1.1.2.2 现实意义

（1）本书通过实证和理论分析，提出了多项具有创新性以及可操作性的促进我国居民消费升级、经济高质量发展等的政策建议，力求解决长期以来我国居民消费率较低的难题，增强人民群众的获得感和幸福感。通过对需求端的研究，解决经济高质量发展过程中供给和需求长期不匹配的问题，促进资源高效配置、市场深度融合及发展质量提升，并为相关政府职能部门扩大本地居民消费市场规模提供可借鉴的经验。

（2）居民消费升级促进经济高质量发展这一研究主题，在国际形势日趋复杂的今天具有更为重大的现实意义。要想实现高质量发展，根本落脚点是要有效扩大国内需求，但目前我国经济面临着供给过剩、内需不足的双重难题，而要想解决这些难题，顺利打通内循环，最关键的一项就是提升全社会的消费力与消费意愿。本书通过研究居民消费升级对经济高质量发展的影响这一课题，厘清两者之间的内在关系，从而提出适当增强居民消费活力、释放消费潜力的对策建议，缓解因外需受困、内需不足所带来的供给侧过剩压力，实现提升市场效率、有效促进国内大循环发展格局顺利推行和经济高质量发展的目标。

1.2 文献回顾与述评

1.2.1 消费升级相关研究

1.2.1.1 消费升级的内涵研究

国外对消费升级的研究一般仅仅指消费结构的优化。19世纪中期，德国经济学家恩格尔在分析了欧洲大陆居民几十年的消费数据资料后，提出了恩格尔系数（Engel's Coefficient），总结出了随着家庭收入的增加，收入中用于食品方面支出的比例将会逐渐减小的定律。首次揭示了食品支出和居民收入之间的定量关系，并用食品支出与消费总支出的比值变化代表居民生活水平的变化。其后的一些经济学家，如Margaret Bourke、K-Lewin等对恩格尔定律进行了进一步的补充，并对这一定律赋予了一些新的含义。其他学者解析了消费与经济发展的一般性规律，如Colin Clark（1940）认为制造业的支出份额与人均收入阈值呈反向相关的关系；进一步地，钱纳里和塞尔昆（1988）认为，伴随收入水平的提高，非食品消费支出占居民消费支出的比例也随之提高，居民对服务业的消费需求在总消费需求中的占比逐渐提升。国外学者在研究中形成的这些规律性结论为消费升级的存在提供了先验标准与实证证据。

目前我国学者对于“消费升级”也未形成统一的概念定义共识。有些学者偏重于类似西方的消费结构升级的单维度研究，如部分学者认为消费升级就是消费层次的逐步提升，单纯将其界定为消费结构升级（王裕国，2018）。事实上，消费升级是一个复杂的经济社会进程，仅用消费结构变化反映消费升级是不全面的。因此一些学者提出消费升级的内涵应该从消费结构、消费水平及消费品质等多维角度来界定，其中一种是“两维界定论”，即从两个维度界定消费升级的内涵。如有的学者认为可以从结构的提高与量的增加（孟慧霞和陈启杰，2011；杜丹清，2017）或者从消费品质升级和消费结构升级（王蕴和黄卫挺，2013；张喜艳和刘莹，2020）等两个维度界定消费升级的内涵。在量的增加层面，消费升级是指总的消费水平的提升；在消费品质层面，消费升级是指消费者在消费同类型商品时，倾向于选择质量更好的商品与服务；在消费结构层面，消费升级指的是随着收入的增长，消费结构发生变化，消费逐渐由物质型消费为主转向服务型消费为主，在这一过程中，消费类别从无到有、从有到精，消费结构从低层次到高层次转变。另外一种是“三维界定论”，有些学者从需求结构优化、需求数量增加、消费品品质提升（臧旭恒等，2012；蒋团标和张亚萍，2021）三个维度界定消费升级的内涵。

结合国内外学者们的研究可以看出，学者们对消费升级内涵的研究主要侧重于消费升级的客体视角，如消费品的结构优化、消费品的质量提升、消费品数量的提高等内容。学者们一般认为消费升级是消费不断由温饱型、生存型向发展型、享受型转变的，消费升级已经成为人民生活水平提高的重要体现。

1.2.1.2 消费升级的内外生动力机制研究

经济的不断发展带来了消费水平及消费趋势的变化，影响消费升级的因素也随之发生变化，学者们认为消费升级的影响因素构成了消费升级的动力框架，通常可划分为内生性动力机制与外生性动力机制。

（1）消费升级的内生动力研究。在凯恩斯的消费函数理论中，消费水平提升受到了社会经济发展水平以及群众收入水平的影响，因此导致消费呈现出两种倾向：平均消费倾向（APC）和边际消费倾向（MPC）。这在 Dean C. Mountain 等（2011）、Shim Young（2016）等人的研究中得到了证实。其主要观点是收入变化与工资性收入可以改善居民的消费结构，于是，收入成了影响消费升级的最重要的内生动力。另外，除了凯恩斯的“绝对收入假说理论”，Dusen Berry（1949）提出了“相对收入假说理论”，指出消费者的消费习惯和他周围人群的消费水准会影响他的消费力度，其中“棘轮效应”表达出消费升级的内生动力主要来自于高收入群体对低收入群体的示范，以及其他同等收入水平群体的示范，从深层次刻画出消费的模仿与攀比其实是促进消费升级的根本原因。而由美国知名经济学家 Miton Friedman（1956）所提出来的“持久收入假说理论”认为人的消费行为与其收入的持久性有关。此外，美国经济学家 Modigliani 与 Brumberg 等（1954）提出了“生命周期假说理论”，认为消费者的目前收入与其一生的收入是影响其消费的内生性因素，因此，消费者不断调整自身的消费与储蓄，以保持消费的合理性。上述研究从理论层面解析了消费升级的内生动力，包括个体收入、个体对收入的预期以及与个体收入相关的静态财产等。在实证方面，大多数学者通过对相关的数据分析，发现收入水平是影响消费升级的最主要的因素之一，突出表现为收入水平的提升（陈波，2013）、住房资产的增加（王辉龙和高波，2016）促进了消费结构的升级，但另一些学者的研究显示，房产价值（刘玉飞等，2018）、家庭杠杆（潘敏和刘知琪，2018）会对消费升级产生负面作用。

除了收入因素，部分学者还从消费习惯、年龄结构等方面入手，就消费升级的影响因素进行了针对性的量化研究。其一，消费习惯是影响消费升级的内生动力。有学者（Blanciforti 和 Green，1983）基于美国 1948—1978 年的数据，使用 AIDS 模型对该观点进行了验证；但在此论点下，部分学者（Muellbauer，1988）提出了截然不同的看法，认为消费习惯对消费升级影响的持续性不强。其二，年龄结构是影响消费升级的内生动力。Hock 等（2012）的研究表明生育率的下降会刺激居民的短期消费，这说明低龄消费群体的减少会对消费产生较明显的影响。另外，人口老龄化（Lili Vargha 等，2017）也会对消费结构的变化起到显著作用。这一论点在 Lührman（2005）的研究中得到了证实：人口老龄化提升了对健康和休闲商品的需求。但也有学者（Demery 和 Duck，2006）认为老龄化与居民消费结构之间的关系并不显著。此外，不同年龄段的消费群体在社会调节和价值的影响下产生了不同的购买行为（Michael Schade 等，2016），老年人喜好居住和医疗消费，中年人喜好食物消费（唐琦等，2018），而儿童对文教娱乐消费有较强的需求（王雪琪，2016）。从上述研究中可以发现，年龄结构是影响消费结构的重要因素，亦是影响消费升级不确定性结果的内生动力之一。

（2）消费升级的外生动力研究。随着经济学科的发展，对消费的研究在不断向前推进，对消费升级的外生动力研究也在一直不断完善和拓展，主要聚焦于研究城市化、社会保障、产业结构等外部动力对消费升级的影响。

一是关于城市化水平影响消费升级的研究。在该研究中产生了两种截然不同的观点。一种观点是城市化会对消费升级产生积极影响。如有学者认为城市化可以产生人口的集聚效应，人口间消费的相互示范与相互模仿促进了消费升级（Duesen Berry，1949）；城市化带来的居民收入提高及交通技术的提升也可以间接促进消费升级（Glaeser，2001）。我国学者（周建和杨秀祯，2009；易行健等，2012）的量化研究也对此观点进行了验证。另一种观点是城市化会对消费升级产生不利影响。这一观点认为城市化的集聚效应会增加人们的生活成本，从而挤压消费活动（Glaeser，2001），我国学者（万勇，2012；易行健等，2016）基于对中国数据的分析也对该论点进行了验证。

二是关于产业结构影响消费升级的研究。学界普遍认为产业结构与消费会相互影响（尹世杰，1988）。一方面，产业结构受到消费结构的影响，消费结构优化是衡量产业结构优化的标准之一（马伯钧，2003）。另一方面，消费结构也会受到产业结构的影响，产业结构不合理可能会在一定程度上制约着消费结构的升级（文启湘和冉净斐，2005），甚至消费结构的调整方向取决于产业结构状况（崔海燕，2008）。但是产业结构的优化升级会促进消费结构的升级（查道中和吉文惠，2011），具体表现为二、三产业的发展变化对居民消费结构的调整会产生较大的影响（田学斌和闫真，2010），大多学者认为二者呈现相互促进的互动机制（王云航和彭定赟，2019）。

三是关于社会保障影响居民消费升级的研究。在该研究中也产生了截然不同的观点。一种观点是社会保障会直接或间接促进消费升级，二者总体上呈现正相关关系（Coates 和 Humphreys，1999；Attanasio 和 Agar，2003）。一些学者（Feldstein，1974）认为社会保障水平的提升会增强人民对未来生活安定性的心理预期，从而增加消费，逐渐演变为消费升级。部分国外学者在欧盟（Liobikiene G 和 Mandravickaite，2013）、荷兰（Wouter，1988）等国家的实践中证实了社会保障对消费升级的积极效应。我国学者（冉净斐，2004）对农村居民社会保障情况的研究也证实了该观点。另一种观点认为由于社会保障缴纳基数的提升导致居民扣缴费用提高，从而抑制了消费升级，二者总体上呈现负相关的关系。例如，有学者认为社会保障降低了总消费（杨天宇，2009），或者社会保障支出的增加反而无法促使消费的增加（刘新等，2010），甚至对居民消费产生了间接的挤出效应（Ho，2002、2010；白重恩等，2012），这就导致社会保障对消费升级的影响存在不确定性（方福前等，2015），其主要原因可能是社会保障的管理不到位或管理资金的缺失（高铁生，2008）。还有一种观点认为社会保障与消费之间的关系不显著，这一观点在学者们对美国工资税模式（Parker，1999）、美国国民经济核算（Meguire，2003）、预期寿命增加（Yakita，2001）、社会保障与公共储蓄的关系（Zhang 等，2004；Hungerford，2008）的研究中得到了证实。

除了城市化、社会保障、产业结构等外部动力会对消费升级产生影响，还有一些外生性动力因素会影响消费。比如政策因素（黄卫挺，2013；赵萍，2015）、电子商务的飞速发展（焦新娱，2014）、互联网发展（李靖，2016）、技术创新（蔡强和田丽娜，2017）、人工智能（林晨等，2020）、数字经济的驱动（毛中根等，2020）等都会影响消费升级。但总体来看，消费升级是内生性要素与外源性因素共同作用的结果。

1.2.2 经济高质量发展相关研究

1.2.2.1 经济高质量发展内涵研究

经济高质量发展是2017年中国共产党第十九次全国代表大会提出的新表述，是我国独具特色的专有名词。国外虽然没有经济高质量发展的提法，但对类似问题有过大量的研究，诸如经济可持续发展和经济发展质量问题。其中，最具代表性的是Herman E. Daly（1996）提出的“要建立质量型发展”的观点。随后，世界银行（World Bank）的《增长的质量》一书从多种构成维度探讨了经济增长质量的内涵。Thomas等（2000）认为经济增长质量作为经济增长速度的补充，是构成增长进程的关键性内容。Robert J. Barro等（2002）则认为经济增长质量除了包含投资率、通货膨胀率等狭义的经济增长指标，还应包括政治制度、人口健康、犯罪、宗教以及收入分配等，Montfort等（2013）则把高质量发展定义为“强劲、稳定、可持续的增长，提高生产力并带来社会期望的结果。”

自从我国提出经济高质量发展这一表述以来，国内的学者们对经济高质量发展的内涵也进行了丰富的讨论与解读。学者们从发展方式的转变（郑新立，2017）、发展过程的高质量（刘瑞，2020）、新发展理念（杨伟民，2018）等角度出发解读其内涵。具体来说，经济高质量发展不再局限于经济数量的提升（任保平，2017），也不局限于经济领域（团胡敏，2018），而是一种使国民需求不断得到满足的动力状态（金碚，2018），是经济发展数量与质量的高度统一（袁晓玲等，2019），供给和需求层面（李伟，2018）、效率和效益层面（杨三省，2018）都需要实现高质量的发展。

综上可知，经济高质量发展是一个较为宽泛的概念，涉及内容较多。但学者们大多从效率、公平、可持续发展等角度加以考虑，因此经济高质量发展可以视作是更有效率、更加公平、更可持续的发展。

1.2.2.2 经济高质量发展的测度研究

学者们对经济高质量发展的测度一般是先构建指标评价体系，然后运用各种方法进行测度。在评价指标体系构建方面，一是基于经济增长、社会成果（师博和任保平，2018）等二维层面构建了综合评价体系；二是基于规模性、协调性、开放性、共享性（童纪新和王青青，2016）等四维层面构建了综合评价体系；三是基于产出效率、产出消耗、产品质量、经济运行质量和生存环境质量（赵英才等，2006），基于创新、协调、绿色、开放和共享（方大春，2019）等五维层面构建了综合评价体系；四是基于经济发展、结构协调、创新驱动、开放升级、生态文明、成果共享（周吉等，2019）等六维层面构建了综合评价体系。此外，一些学者的研究把民生共享高质量、社会人文高质量等指标纳入经济高质量发展评价体系中，如陈冲和吴炜聪（2019）将经济福利共享指数纳入经济高质量发展评价体系中，用人民福利改善和经济成果分配来定义经济成果共享，并用相关指标加以考察。魏艳艳（2020）则从产品服务优质、资源配置效率、经济活力、经济结构优化、民生福祉、乡村振兴、生态文明建设、文化建设这8个维度考虑，测算了我国省级经济高质量发展指数。

在经济高质量发展的测度方法层面，学者们主要采用Malmquist-DEA指数方法（李国平等，2011）、动态加权法（袁晓玲，2017）、熵值赋权法（TOPSIS）（魏敏，2018；王志博，2019）、索罗残差法（贺晓宇和沈坤荣，2018）、DEA-Malmquist指数模型（王群勇和陆凤芝，2018）、索洛余值法（刘思明等，2019）、主成分分析法（周吉等，2019）等从省际与区域两个层面进行了测算。

综合来看，由于经济高质量发展提出时间不长，现有的关于经济高质量发展评价指标体系构建的研究还不够充分与完善，如何准确有效构建评价指标体系仍是当前的研究热点。经济高质量发展的本质性特征是非常丰富和多维度的。从评价经济高质量发展的方法选取上看，因为不同评价方法的优缺点不同，最终获得的指数测算结果也有一些差异。从经济高质量发展的指标选取上看，因为学者们对经济高质量发展测量指标的选取差异以及数据处理方式的不同，即使是研究相同的区域、选用同样的综合评价方法，其对经济高质量发展水平的计算结果也可能存在一定的差异。因此，选用恰当的评价方法以及更具代表性的指标是保证有效测度经济高质量发展水平的基本条件，研究者不仅需要根据具体问题对选用何种评价方法做出取舍，而且还需要尽可能地建立更加客观、科学、可行的经济高质量发展综合评价指标体系，只有做到这两点，才能确保经济高质量发展测量结果的精准和客观。

1.2.3 消费升级与经济发展质量关系研究

通过分析现有文献发现，关于消费升级对经济发展质量影响的研究目前还不够完善，但大部分学者都倾向于认同消费升级会通过经济结构优化、经济增长、经济效率提升、环境效应等多种途径影响经济发展。

1.2.3.1 关于消费升级与经济结构优化的关系研究

有关消费升级与经济结构优化的关系研究中，外国学者大多（里昂惕夫，1953；Hollis B. Chenery，1970；Doni，2003）认为消费结构可以通过对产业结构施加影响达成优化经济结构的目的，原因在于居民家庭消费结构中产业的占比与产业结构中产业的占比成正比（D. Ngai，2007）。一方面，消费升级促使劳动力由第一产业流向第二产业，再转移到第三产业，在此作用下，产业结构发生了改变（Colin Clark，1940），倒逼经济结构发生转变；另一方面，消费升级促进了技术创新（Christian Garavaglia，2012）和旅游产业的发展（E. Dickinson，2010；Buckley，2011），这些均在经济结构优化中起到了重要作用。

国内研究主要集中于消费结构升级通过影响产业结构促进经济结构的优化。如有些学者（马伯钧，2003；钱婷婷，2016；纪玉俊，2007）认为，消费升级促进了产业结构高端化，而产业结构的高端化又促使经济结构优化。另外，一些学者利用面板固定效应模型（杨天宇等，2018）、扩展性支出模型（文启湘，2005）、和谐矩阵（杜俊平，2008）、分位数回归（臧旭恒，2012）、VAR 模型（黄吓珠，2014）、DEA 方法（徐敏，2016）等实证检验了消费结构升级对产业结构的具体影响，大多数实证研究的结论证实了消费升级在一定程度上能够带动产业升级，促进产业迈向高端化。

1.2.3.2 关于消费升级与经济增长的关系研究

在众多消费升级与经济增长关系的文献中，大多学者认同“消费升级促进经济增长”这一论点，同时经济增长也为居民收入的增加奠定了基础（王怡等，2013），为消费升级提供了动力。如 C. Echevarria（1997）认为收入水平的提高有利于居民消费结构的升级与优化。还有部分学者认为消费升级主要通过改变主导产业（Kongsamut，2001）、技术变革（范红忠，2007）、投资变动、产品升级、产业升级（俞剑，2015）等传导机制对经济增长产生影响。事实上，通过消费升级来促进经济增长的政策也被证实具有有效性（孙皓等，2013）。在实证方面，学界也有大量的关于消费升级与经济增长的实证研究成果。例如，Foellmi 和 J. Zweimuller（2008）运用固定面板模型验证了消费升级与经济增长之间的相互促进关系，运用格兰杰因果检验（吴瑾，2017）、VAR 模型（查道中等，2011；刘海云等，2011）等方法检验了消费升级与经济增长之间的关系，得出了普遍性的结论，即居民消费结构的优化能够显著推动实现经济增长。

1.2.3.3 关于消费升级与经济效率提升的关系研究

经济效率在经济增长理论和实践中得到国内外广泛的重视和研究（Robert M. Solow，1957；Paul R. Krugman，1994），但有关消费升级与经济效率提升关系的研究相对比较少见。当前研究所得结论大都认可消费升级对经济效率提升的正面作用，主要观点有以下几种：①过低的消费率影响经济运行效率，导致技术进步与制度变迁速度放缓，经济增长的质量下降（文娟和牛旻昱，2012）；②消费结构升级可以有效优化经济结构，促进经济转变发展方式与增长动力，进而提升经济效率（孙耀武，2017）；③消费数量升级会直接影响我国经济增长效率的提升（刘伟，2012）；④消费需求的改善可以重塑效率模式和培育增长潜力，促进经济效率的持续提升（袁富华，2016）。实证方面，一些学者运用省份面板数据对我国消费升级与经济效率的关系进行了相关研究（薛军民等，2019；陈冲和吴炜聪，2019），研究结论都倾向于认为消费结构的升级能有效促进经济发展效率的提高，对经济发展动力机制转变具有显著促进作用，并因此提升了经济发展的质量（陈冲和吴炜聪，2019）。但也有学者认为城乡收入差距过大会影响消费升级（胡日东等，2014），进而阻碍经济效率的提升（徐常建等，2018），这一论点主要是基于消费升级层面存在的短板会对经济效率产生影响而提出。

1.2.3.4 关于消费升级的环境效应研究

消费升级同样会对环境造成影响。事实上，消费升级之所以可以影响环境，根本原因在于消费结构优化的生态环境效应（Mikael Skou 和 Ilmo Massa，2002），即消费和生产模式长期的结构优化变动推进了生态协调。另外，也有学者认为由于过度消费引致了环境恶化（Carmen Tanner，2002），要想提升环境质量，必须转变消费模式、促进消费结构调整与优化升级。Harald Payer 等（2000）、Duarte R 和 Alcántara V（2003）在澳大利亚和西班牙进行的研究也证实了这一结论，其认为消费变动会对环境造成影响。我国一些学者认为消费升级引致的发展和享受型消费占比增加（盛志军，2018）会促进生产技术的改变与提高，从而使经济发展过程中资源耗费的能耗降低（崔耕瑞，2020），进而降低社会总体的资源耗费，不断推动经济绿色发展，形成人与自然和谐发展的新格局等（陈冲和吴炜聪，2019）。

另外，还有一部分学者从食品消费升级入手进行研究，认为消费升级增加了对绿色消费品的消费需求（Harald Payer 等，2000），有益于环境的可持续。食品消费结构的改变可以起到缓解资源环境压力、促进绿色发展的作用（邹红，2018）。

1.2.4 文献述评

国外学者对消费升级的研究主要侧重于消费结构方面，对消费结构升级的机理、内涵、方式都进行了大量的研究，所得结论对我国有一定启示意义。但因为研究侧重点的不同以及我国特殊的国情，国外学界的研究结论不一定完全适用于我国，因此在研究我国消费升级上，国内学者们也提出了自己的思想见解，主要表现在对消费升级内涵进行了扩展，从国外单一的消费结构升级研究扩展到消费水平升级研究、消费品质升级研究等，对我国消费升级状况有较好的认识。但不足之处在于国内外学者都很少研究消费升级对经济发展的影响，且为数不多的研究主要偏向理论部分，实证部分研究较少。

经济高质量发展是我国近几年提出的独具特色的概念，学者们虽然对经济高质量发展的内涵进行了大量的讨论，但并未形成统一的内涵和外延，尤其对衡量经济高质量发展的指标体系存在较多不同意见。而且通过梳理有关文献发现很大一部分学者认为经济发展质量就是指经济增长质量，对二者的概念并不能明确区分。经济高质量发展理论研究的内涵理应更丰富，涉及领域较广，后续研究需要重视对经济高质量发展评价体系的进一步完善。

有关消费升级对经济发展的影响研究，通过对文献的归纳分析可以发现，大部分学者主要对消费结构升级进行了研究，而且聚焦于消费结构升级对经济增长的影响，有关消费升级对经济发展质量的影响的研究较为少见。即使有也大都只涉及经济质量的单一或某几个层面，系统性研究欠缺。经济发展质量包含诸如发展动力、经济结构、开放成效、成果分享、生态和谐等诸多方面，是一个系统性较强的问题。基于此，本书一方面从新发展理念出发构建经济高质量发展评价体系；另一方面，本书在理论诠释居民消费升级驱动经济高质量发展影响机理的基础上，实证检验居民消费升级对高质量发展的影响，分别从居民消费结构升级和消费品质升级两个方面实证研究对经济高质量发展的具体影响。本书的研究成果不仅能对消费经济以及经济高质量发展相关理论研究进行有益补充，而且对于全面促进消费、激发市场活力、提升经济发展质量等具有重要意义。

1.3 研究目标与研究内容

1.3.1 研究目标

本书的总目标是分析居民消费升级对经济高质量发展的促进机制与影响，为我国扩大内需、促进经济增长方式转型和实现经济高质量发展提供需求端理论依据，为我国推进构建以国内大循环为主体的发展格局提供需求端动力依据。

具体目标是：①分析我国居民消费现状及判断我国居民消费升级特征；②构建经济高质量发展指标体系并科学测算经济发展质量的综合指数及创新发展、协调发展、绿色发展、开放发展和共享发展五个分维度指数；③实证研究居民消费结构升级和居民消费品质升级对经济高质量发展的影响；④在三大经济区域层面和南北方区域层面分析居民消费结构升级和居民消费品质升级促进经济高质量发展的异质性影响；⑤提出如何进一步发挥居民消费升级促进经济高质量发展的对策与建议。

1.3.2 研究内容

本书共分为九个部分。

第 1 章为绪论部分。主要介绍了本书的研究背景与意义，对消费升级与经济高质量发展研究的重要性和必要性做了简单论述，并对文献进行回顾与述评。首先是对消费升级的相关文献进行了梳理，其次梳理回顾了经济高质量发展的相关文献，随后结合消费升级对经济高质量发展的影响过程进行文献回顾与总结述评，最后阐述了本书的研究框架、方法与可能创新之处等。

第 2 章主要是概念界定和理论基础。首先对相关概念进行界定与规范分析，如经济高质量发展、居民消费结构升级、居民消费品质升级等。其次总结和梳理研究所需的理论基础，如需求层次理论、消费者主权理论、恩格尔定律、马克思消费理论、有限需求理论、可持续发展相关理论等。本部分对概念的界定和对理论基础的梳理为全文打下理论基础。

第 3 章首先对居民消费结构升级促进经济高质量发展的内在机理进行分析。运用相关理论、政策依据、文献资料等辨析居民消费升级对经济高质量发展的内在促进机理，将经济高质量发展依照新发展理念分为五个维度，并分别论述居民消费结构升级对经济高质量发展的五个分维度层面产生影响的内在机理，总结居民消费结构升级对整体经济高质量发展综合性影响的机理。其次，结合五大新发展理念，对居民消费品质升级促进经济高质量发展的内在机理进行详细分析，为后续的实证研究提供理论依据。

第 4 章对我国居民消费现状及居民消费升级特征进行分析。本章首先运用相关统计数据等资料分析了我国居民消费水平的现状以及我国居民消费结构现状。其次考察了我国居民消费结构升级特征，通过恩格尔系数、高层次消费占比、加权消费升级率三种形式考察我国居民目前消费结构升级规律，通过时间序列数据的变化趋势分析，检视我国居民消费结构是否存在升级及其具体特征表现。最后分析我国居民消费品质升级的发展与现状。

第 5 章是经济高质量发展指标体系构建与水平测度。本章依据经济高质量发展五个维度，通过科学的方法和标准建立起经济高质量发展指标体系，收集和计算整理相关指标所需数据，并在此基础上运用熵值赋权法测算并分析了各省、三大经济区域、南北方地区及全国整体的经济高质量发展综合指数水平，另外，还分别测算并分析了创新发展、协调发展、绿色发展、开放发展与共享发展指数这 5 个经济高质量发展的分维度指数水平，为接下来的实证研究打下基础。

第 6 章以 2000—2019 年全国 30 个省市的面板数据为基础，对居民消费结构升级促进经济高质量发展的影响进行了实证分析。在结合第三章的机理分析和其他章节研究内容的基础上，选取经济高质量综合发展水平指数以及五个分维度发展水平指数作为被解释变量，以城乡居民消费结构升级指数作为解释变量，并选取合适的控制变量，运用系统广义矩估计（SYS-GMM）计量模型对居民消费结构升级促进经济高质量发展进行实证研究。具体的，首先分城乡样本在全国层面实证检验居民消费结构升级对经济高质量发展指数及五大分维度指数的具体影响；其次在东中西部经济区域层面以及南北方区域层面回归分析居民消费结构升级对经济高质量发展水平影响的区域异质性，深入分析不同区域之间居民消费结构升级对经济发展质量影响的差异状况，并试图解释存在区域差异的原因。最后，考察了居民消费结构升级对经济高质量发展的影响是否具有非线性的关系。

第 7 章主要对居民消费品质升级促进经济高质量发展的影响进行了实证分析。通过构建系统广义矩估计（SYS-GMM）模型，分别实证分析了城市居民消费品质升级、农村居民消费品质升级对经济高质量发展的影响。首先，实证分析了城市居民消费品质升级和农村居民消费品质升级对经济高质量发展综合指数的影响。其次，进一步考察了城乡居民消费品质升级对创新、协调、绿色、开放和共享五个分维度的具体影响。第三，研究城乡居民消费品质升级对东中西部地区和南北方地区经济高质量发展影响的区域间差异。最后，考察了居民消费品质升级对经济高质量发展的影响是否具有非线性的关系。

第 8 章是促进我国居民消费升级助推经济高质量发展的对策建议。本章结合前几章的分析结果，进一步提出了要加快不同档次消费品的替代转化，完善产能淘汰机制；改善消费环境，助推消费升级；缩小居民收入差距，推动共同富裕；分不同收入群体加快居民消费结构升级；提倡适度消费，促进理性消费升级；向消费者增强绿色健康等商品质量信号显示，促成社会形成绿色健康的高品质消费风尚；鼓励居民群体之间进行消费共享、促进共享经济发展等一系列促进我国居民消费升级、助推经济高质量发展的对策建议。

第 9 章为结论与展望。本部分归纳了全文主要的研究结论，总结潜在的研究局限与研究不足，并提出后续可供努力的方向。

1.4 研究框架、研究方法与创新之处

1.4.1 研究框架

通过搜集与阅读国内外相关经典文献并加以整理分析与参考，在此基础上设计出本书的研究框架。本书的技术路线图如图 1-1 所示。

1.4.2 研究方法

（1）文献研究法。系统开展对本领域最新及经典文献的整理、深度挖掘与分析，通过“检索工具查找”和“参考文献查找”两种方式广泛查阅搜集国内外关于居民消费、消费升级、高质量发展、经济高质量发展相关的期刊、研究报告、会议论文和学术著作等，尽最大可能熟悉领域内的研究进展，归纳已有研究的不足，并通过文献比对整理，对居民消费升级、经济高质量发展有关研究有一个全方位的认识。

（2）定性与定量分析相结合。本书在国内外文献梳理、概念界定方面均采用定性分析的方法，综合当前国内外学者研究成果，对本书的诸多重要概念进行阐述，并对存在争议的地方进行说明。而对我国居民消费现状、居民消费升级状况、经济高质量发展指数构建等采取定量分析的方法，使用统计年鉴等相关数据来评价我国居民消费的水平特征和结构特征，找出居民消费、经济高质量发展的变化趋势。在此过程中，对指标变量选取和数据来源等进行了科学处理，确保定量分析的科学客观，为进一步开展居民消费升级促进高质量发展的政策途径探讨提供科学决策支撑。

（3）规范分析与实证分析相结合。本书运用了规范和实证分析两种方法，以保证研究问题的客观性和实用性。本书对我国居民消费升级状况、经济高质量发展状况的考察主要运用了实证分析和规范分析相结合的方法，对居民消费结构和品质升级促进经济高质量发展的实证检验则主要运用了实证分析方法，对居民消费升级促进经济高质量发展的对策与建议则

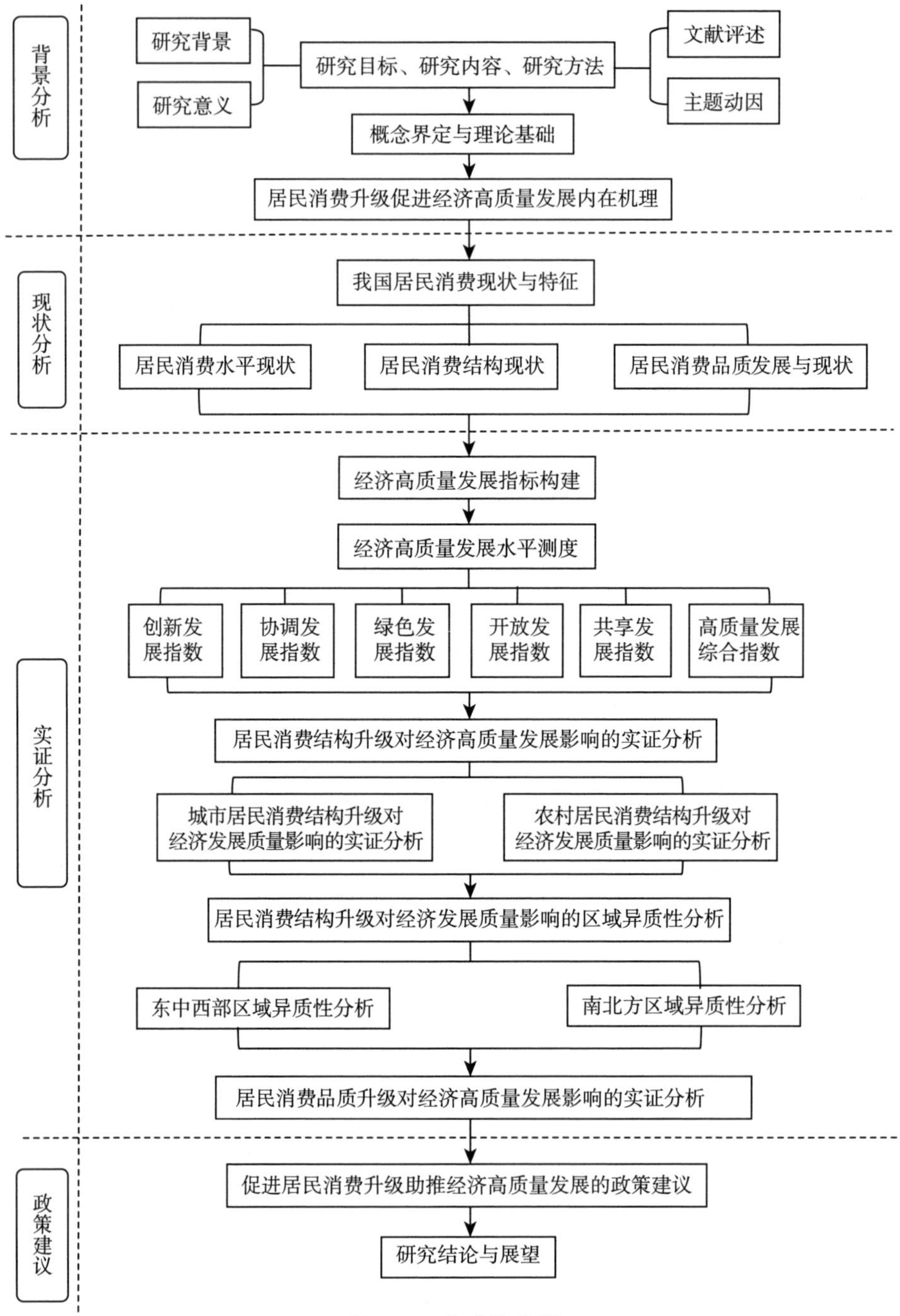
背景分析
研究背景
研究意义
研究目标、研究内容、研究方法
文献评述
主题动因
概念界定与理论基础
居民消费升级促进经济高质量发展内在机理
现状分析
我国居民消费现状与特征
居民消费水平现状
居民消费结构现状
居民消费品质发展与现状
实证分析
经济高质量发展指标构建
经济高质量发展水平测度
创新发展指数
协调发展指数
绿色发展指数
开放发展指数
共享发展指数
高质量发展综合指数
居民消费结构升级对经济高质量发展影响的实证分析
城市居民消费结构升级对经济发展质量影响的实证分析
农村居民消费结构升级对经济发展质量影响的实证分析
居民消费结构升级对经济发展质量影响的区域异质性分析
东中西部区域异质性分析
南北方区域异质性分析
居民消费品质升级对经济高质量发展影响的实证分析
政策建议
促进居民消费升级助推经济高质量发展的政策建议
研究结论与展望

图 1－1　技术路线图

主要运用了规范分析方法。

（4）逻辑分析与比较分析相结合。主要是将“消费升级影响经济高质量发展”这一问题进行抽象化、概念化和理论化，形成“问题提出—理论建构—实证检验—对策建议”的逻辑实证主义分析思路。在运用逻辑分析法建立分析理论体系，并抽象出“消费升级影响经济高质量发展”概念模型的过程中，比较东部地区、中部地区和西部地区以及南方地区和北方地区等在经济高质量发展上的异同，并进行经验总结，由此提出居民消费升级促进经济高质量发展的相关对策与建议。

1.4.3 本书的创新之处

本书将研究视角定位于居民消费升级对中国经济高质量发展的影响研究，与以往研究相比，本书的特色和创新点主要包括：

（1）在研究对象上。以往的学术成果多从供给侧方面来研究经济高质量发展，对于消费和经济的关系也多聚焦于消费对经济增长的影响，涉及居民消费升级与经济高质量发展关系的研究相对较少。本书研究内容是居民消费升级对经济高质量发展的影响，体现了研究对象的创新性。且本书不仅研究了经济高质量发展的综合指数发展水平，还从新发展理念视角构建了创新发展、协调发展、绿色发展、开放发展及共享发展五个经济高质量发展的分维度，并对这五大分维度发展质量水平进行了深入研究。相比于大多数学者将研究对象集中于全国整体、省份和城市，本书基于区域的视角，对我国的南北方区域及东中西部区域的经济高质量发展水平进行了分析，体现了研究区域的创新。

（2）在研究内容上。本书在现有研究的基础上进行了大量的扩展和延伸，既有对居民消费升级与经济高质量发展相关关系的系统梳理，也有对以往经济发展经验及经济发展现状的总结反思。在实证研究中，不仅研究了居民消费升级对经济高质量发展综合水平的影响，还进一步研究了居民消费升级对经济高质量发展五个分维度的具体影响。且本书十分重视实现理论与实践的贯通，在研究消费升级对经济高质量发展的影响时兼顾考虑如何能够将影响有效转化为具体的政策实践，突出解决现实问题的意义，力图消除理论和实践之间的隔阂，实现“问题—理论—实践”的有机贯通。

（3）在研究方法上。因为本书研究涉及多学科和多领域，所以力求从经济、管理、文化、社会与生态等多学科角度进行整合，突破传统单学科方法，将经济学方法、统计分析法等有机结合。在实证研究环节，本书引入 SYS－GMM 模型等计量方法来研究居民消费升级对经济高质量发展的影响，一定程度上体现了研究方法的创新。

第2章 概念界定与理论基础

2.1 概念界定

2.1.1 经济高质量发展

2.1.1.1 经济高质量发展背景

自1978年改革开放以来，我国经济始终保持高速增长，但在经济高速增长的同时，也积累了许多问题，如区域发展不平衡、城乡发展不平衡、内外需结构不平衡、生态环境破坏、资源浪费等，这一系列问题都在一定程度上制约了我国经济的高质量发展（魏后凯，2003；沈正平，2013）。过去我国经济的高速发展是建立在巨量的要素投入（如能源等）驱动和以劳动密集型产品为代表的对外贸易模式迅速增长的基础之上的，这种方式在推动经济增长的同时也不可避免地消耗了过量的自然资源、破坏了生态环境，是无法实现经济可持续性发展的。因此，我国经济发展迫切需要从粗放型增长模式转向创新驱动、效率提升的高质量发展模式。不可否认，我国经济的高速增长积累了巨量的财富，提升了人民的生活水平，但在解决了“有没有”问题以后，发展应当转向“环境友好”“创新”“共同富裕”等能够更加体现经济发展质量的道路上来，努力实现经济高发展质量。我国之所以需要如此紧迫地转变经济发展模式，主要的现实考量有以下几点：①以往的以投资和外贸拉动经济的作用正在日益下降，急需转变经济发展动能，并以此来进一步支撑经济继续向前发展（刘全金，2002）。②我国目前经济发展的不协调性依然突出，具体表现在产业结构的不协调以及改革开放后区域经济的非均衡发展导致的区域经济发展的不协调。此外，我国城乡二元结构明显，城乡之间的不协调问题也较为突出（邓明，2013）。③我国踏过刘易斯拐点以后，劳动力减少、劳动力成本上升，因此需要提升人力资本水平来缓解人口红利消失对经济的冲击（蔡昉和王美艳，2012）。④经济高速发展给生态环境带来较大压力，在经济增长的同时，许多地方的生态系统超出了其自然承载力，生态环境被破坏，因此需要绿色发展等先进的经济发展理念指导经济发展方向（李慧，2015）。⑤近几年逆全球化思潮抬头，国际贸易壁垒增强，全球公共卫生安全事件频发，国际经济合作和竞争格局面临着深刻变化，我国以往的开放模式一时难以适应全球经济治理体系和规则的改变，亟须提高总体开放的质量和水平，发展更高层次的开放性经济（佘欣艺等，2021）。⑥伴随着我国经济的飞速增长，贫富差距问题也逐渐凸显，经济成果没有很好地被全体成员共同分享，分配不均阻碍了共同富裕的实现，随着经济进入新常态，我国今后亟须经济的共享发展模式（陈友华，2022）。

2.1.1.2　经济高质量发展内涵

经济高质量发展有其独特的时代背景，这一概念集中体现了中国当前经济发展的诉求。经济高质量发展是以质量和效益为价值取向的更高水平的经济发展，本质上体现了一种新发展理念（田秋生，2018），指明了新时代中国经济发展的基本特征（李梦欣和任保平，2019），是我国经济发展方式转变的集中体现，是“创新、协调、绿色、开放、共享”新发展理念的高度聚合（任保平和宋雪纯，2020；程晶晶和夏永祥，2020）。新时代破解发展难题，必须用新的发展理念引领发展方向，高质量发展就是在创新、协调、绿色、开放、共享发展理念引领下的发展。因此，本书从新发展理念视角分别对经济高质量发展进行论述并总结经济高质量发展的内涵。

创新发展是经济高质量发展的第一驱动力。我国与发达国家在创新上依然有较大的差距，创新能力不足是制约经济高质量发展的重要影响因素。长期以来，我国科技创新对经济社会发展的支撑作用力不足，科技对经济增长的贡献率远低于发达国家水平，如果科技创新搞不上去，发展动力就不可能实现转换，在全球竞争中就会处于下风，为此，必须把创新作为引领发展的第一动力。创新发展涵盖技术创新、制度创新及理论创新，技术创新是创新发展的核心内容。技术创新包括对现有技术的改进以及新技术的研发和新产品的创造等，技术创新是推动一个国家创新能力提升的核心所在。制度创新是对规则的革新，好的制度可以激发人的创新动能，可以充分挖掘人的创造潜能。理论创新包括新理论的发现以及旧理论体系的进一步延伸等，理论创新是实现科学发展的基础条件。

协调发展是经济高质量发展的内在要求。协调发展主要是为了解决发展不平衡问题。由于政策导向、发展基础等的不同，我国一直存在发展不协调的问题，主要表现在产业、区域以及城乡的发展不协调。随着经济的发展，我国产业内部存在着供给产能过剩的局面，与此同时，高质量供给与发达国家相比明显不足，因此在发展过程中，产业协调是需要充分重视的一个问题。我国之所以存在区域发展不协调，主要是因为区域间发展条件存在差异，加之我国长期推行区域非均衡发展战略，造成了目前区域不协调的现状。追求区域协调并不是说不能存在区域差距，一定的发展差距可能会更容易形成良好的区域分工合作与互补发展，但是区域发展差距不宜过大，差距过大不利于整体的高质量发展。而目前我国区域间存在着发展差距过大的问题，因此需要在今后的发展中重视对区域不协调问题的解决。我国城乡发展不协调问题比较突出，一方面是因为相对于城市而言，长期以来乡村发展缺少必要的支持；另一方面是源于农业生产的投入产出效率低等因素。如何缩小城乡发展差距，促进城乡发展协调是实现经济高质量发展无法避免的问题。

绿色发展是实现经济高质量发展的根本体现，同时也是可持续发展的内在要求（陈昆亭和周炎，2020），对经济高质量发展起到引领作用。以往我国走的是只注重数量的发展模式，长期以来积累了很多生态坏账，因此我国现阶段及未来的发展要转向绿色发展的路线。一方面，绿色发展对生态环境保护提出了更高的要求，在发展过程中不仅要加强对已经发生的环境污染的治理，也要重视控制各种污染物的排放量；另一方面，需要实现资源的集约高效利用，既要积极开发清洁能源，降低经济对高污染、非可再生资源的过度依赖，也要通过改变生产方式、更新生产设施提高资源的使用效率。

开放发展是实现经济高质量发展的必由之路。经济全球化是时代潮流，得益于开放发展的基本国策，几十年来我国经济得到了飞速发展。但近几年，面临国际经济合作与竞争格局的新变化，尤其是受到贸易战及新冠疫情的影响，世界经济面临着调整的压力，我国对外贸易发展模式受到冲击。现阶段对外开放的水平还不够高，亟须构建高水平开放发展格局（任保平和秦华，2021），在开放发展过程中应该更加注重引资、引智、引技，积极有效利用国外资本与技术促进我国经济发展方式转型。另外，要继续提升对外商品贸易规模和出口产品质量，并坚持在投资领域走高水平开放发展路线，实现国际合作的互利共赢，提升我国对外开放水平。

共享发展是经济高质量发展的必然要求。虽然我国几十年的经济发展积累了巨量的经济财富，但在一定程度上忽视了分配的公平性，贫富差距较大，阶层分化严重，这与人民对美好生活的向往产生了重大矛盾。除此之外，由于对公共服务建设投入不足，部分地区的教育、医疗及养老等公共服务建设无法满足当地人民群众对高质量公共服务的需求，不利于共同富裕的实现。让广大人民群众共享改革发展成果是社会主义的本质要求，因此，在今后的发展过程中要特别重视共享发展，在发展中实现人民群众福利共享。

通过以上从新发展理念角度对经济高质量发展的梳理与总结，本书将经济高质量发展的内涵定义为：经济高质量发展是体现新发展理念的发展，在发展过程中更加重视经济发展的创新性、协调性、绿色性、开放性和共享性，并形成社会、经济及生态三者协调的有机体。对经济高质量发展内涵的界定为经济高质量发展评价指标体系的构建奠定了理论基础。

2.1.2 居民消费升级

目前学术界对居民消费升级并无统一定义，一般而言，消费升级常被用来反映消费数量、消费结构以及消费品质的变化。人类从原始社会逐渐发展到农业社会，然后迈进了工业社会与后工业社会，物质的匮乏问题逐渐得到了解决，人们消费水平和能力得到了大幅提升。当收入水平持续提高后，消费欲望会更多地彰显精神上和心理上的诉求，越来越多的高收入群体自愿成了消费结构升级和品质升级的支持者，这批人的消费升级行为会引发中下阶层人群的模仿与跟进，由此形成全民消费升级的氛围，并最终形成了由部分高收入阶层引领，带动中低收入阶层的消费升级过程（李世美，2020）。

综合来看，虽然现有研究对消费升级内容的侧重点不同，但都倾向于认可消费升级包含数量、品质和结构升级三个方面。数量升级是一种初级形式，通常出现在收入水平整体较低的社会。当在数量上满足了基本需求后，消费者的消费就会向品质与结构等更高形式的方向升级（李世美等，2020）。鉴于学术上消费数量升级和消费水平增长是等价的，学术界对这一领域已经进行了深入的研究，并形成了翔实的研究成果，故本书对居民消费升级的讨论主要聚焦于消费结构和消费品质升级两个方面。

本书从消费结构与消费品质两个研究角度切入，分别探讨居民消费结构升级与居民消费品质升级的内涵。

2.1.2.1 居民消费结构升级

消费结构升级是一种具有突破性的消费升级形式，表现为居民消费支出结构的一种比例变化关系，通常是以某类消费支出比例的上升为表征。这一过程中消费者在消费品类中不断增加以往消费占比较少的高层次消费类别，使消费结构不断由低层次向更高层次演变。恩格斯认为一个家庭的消费类型可以划分为生存型消费、享受型消费和发展型消费三大类。其中，生存型消费是以满足人们生理需求为主要目的的消费；享受型消费则是以满足人们享受需要为主要目的而产生的消费；而发展型消费是人们为了能够在未来发展得更好而进行的消费（刘玉飞等，2018）。因此，生存型、享受型以及发展型消费占总消费的比例能够很好地体现居民消费结构情况，享受型和发展型消费占总消费比重的逐渐提升说明居民消费结构有升级的趋势，即消费结构升级的结果就是居民消费逐渐由生存型转向享受型、发展型。一些学者根据恩格斯消费理论的思路，把享受型、发展型消费归类为高层次消费，并将高层次消费占总消费比重作为衡量消费结构升级的指标，高层次消费占总消费比重持续上升则表示居民出现了消费结构升级态势。因此，本书沿用恩格斯的研究思路来考察消费结构升级变化。

2.1.2.2 居民消费品质升级

随着经济社会的不断发展和人民生活水平的不断提高，人们不再单纯地追求消费数量的增长与结构的改善，消费品质提升同样成为居民消费升级的重大方向。收入水平的增长带来的我国居民消费行为变化的另一个特点就是自身所消费的商品和服务的品质都表现出不同程度的升级（臧旭恒，2012）。随着收入增长，人们在消费时更加注重商品和服务的质量，对更高品质的消费的诉求逐步提高。居民更加倾向于购买同类别更高品质的消费品，因此市场主流产品将由低端消费商品与服务向中高端消费商品与服务转变。消费者更注重商品与服务的高品质、个性化等给自身带来的舒适体验与美的享受，因而消费品质升级使同类消费商品与服务给消费者带来的幸福感和享受程度更强（张喜艳和刘莹，2020）。

消费品质升级同消费结构升级一样是消费需求上升规律作用的表现形式，反映了居民消费需求满足程度的提升性变化，表现为比以往更加注重同类别的更优质高端的消费品，对更高质量、更优性能、更富个性的产品和服务的需求增加。鉴于此，本书认为居民消费品质升级是相对于数量增长而言更加侧重对消费品质的追求，对同类别消费品的品质提出更高要求。

2.2 理论基础

2.2.1 需求层次理论

心理学家马斯洛（Abraham Harold Maslow）提出了需求层次理论，他在该理论中将人类的基本需求总结为生理需求、安全需求、社交需求、尊重需求及自我实现需求这 5 个高低不同的层次，具体如图 2－1 所示。一般的，人们通常会优先去满足最迫切的需求，且只有当最迫切的需求满足后，人们才会考虑其他高一级的需求。而人们自身需求的满足主要是通过消费的途径与方式进行的，但是限于一系列客观因素，大部分人只能满足自身的部分需求。尤其是受到收入条件的限制，许多人只能选择优先满足次一级的需求。因为需求是消费的推动力，所以当人们收入增长时，需求的层次也会随之提升，人们的消费行为也必然会从生存型消费向享受与发展型消费演进。因此，人们的消费结构必然会随着需求层次的提升而逐渐升级。

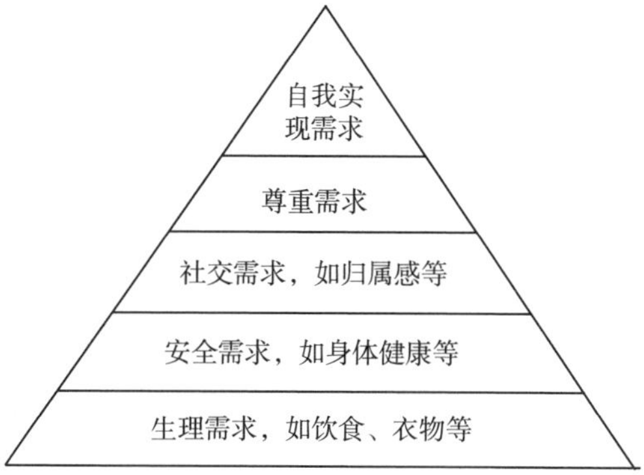

图 2－1　马斯洛需求层次

具体地，该理论认为人的最基本需求是生理性需求，其是维持人类生存的本能性需求。如新中国成立初期，我国大部分居民连温饱都无法解决，因此消费的主要目的就是生存，居民限于预算收入，只会考虑商品的价格与实用性，无暇顾及产品品质与多样性，因此也就没有明显的消费结构与消费品质升级趋势。而当基本需求满足后，更高一级的需求才会被考虑。当人们在满足了生理和安全的需求之后，会把目光转向更高级的社交需求，这时人们不仅要满足物质方面的需求，而且需要通过社交来肯定自己。尊重需求是更高层次的需求，处于金字塔需求层次的较高位置，尊重需求既包括了对自我价值的认可，也包括受到其他社会成员的尊重和认可，其在消费中的一个表现就是许多人依赖通过消费高端品牌产品等形式显示其超越众人的地位。自我实现需求在五大需求层次中是最高级别的需求，也是人们消费追求的最高层次。马斯洛的需求层次理论对消费升级的分析具有特殊的重要意义，消费者会因自己的动机与需要的改变而去消费不同层次的商品，从满足最基本的温饱等生理性需要开始，随着收入的提高，需要层次逐渐向高级别发展，消费也随之由满足物质型需要向满足精神需要转变，物质型消费逐渐升级为享受型、发展型消费。

2.2.2 消费者主权理论

消费者主权理论是以消费者为价值主导，提倡消费者在市场发展和经济活动中具有决定权，消费者在确定商品生产的数量和种类方面起着决定性作用，生产者要听从消费者的意见。消费者主权这个概念最早出现在亚当·斯密的著作中，亚当·斯密认为消费是一切生产的终极目的。其后奥地利学派、剑桥学派等都把“消费者主权”当作市场经济中最重要的原则。从追求收入的视角看，厂商是商品和服务的提供者，受消费者需求的引导，生产服从于消费者需求的产品，生产与消费就如同手段与目的之间的关系，生产是手段，消费则是生产的目的。因此，市场经济从本质上可以说是消费者主权的经济。

消费者主权理论认为在市场经济活动中，消费者处于支配地位。在市场经济下，价值规律是影响经济关系的重要因素，在价值规律作用下能实现公平竞争和等价交换，尊重价值规律就意味着尊重公平交易和商业信誉。面对市场中公平竞争的环境，厂商为实现盈利和盈利最大化不得不考虑满足消费者的需求和期望，提高商品与服务的质量，因此消费者主权理论归根结底是要注重消费者的利益，即消费者的需求在经济运行中起主导作用。消费者主权理论充分说明了居民消费升级会通过供需两端的改变对经济高质量发展产生影响。尤其是当经济发展到一定程度后，短缺经济得到了解决，市场反而出现了过剩，这时候主要制约因素就变成了需求不足而不是生产不足，消费主导生产的状况将更加明显，消费者主权对生产的决定作用就更加明显。因此，在现阶段我国经济已经由高速增长转变为中高速增长的新常态下，提高经济发展质量离不开消费的作用，今后在经济高质量发展的理论和实践层面，需要给予消费者主权并对消费者的消费升级需求更加重视，从而增强消费升级对经济高质量发展的促进作用。

2.2.3 恩格尔定律

德国统计学家恩格尔在研究了欧洲国家的消费结构后提出了恩格尔定律，主要内容是家庭的收入与在食品上的支出为反比关系，随着家庭收入的提升，花在食品上的收入占总收入比重会下降。恩格尔指出，随着居民收入的增长，不同类别消费占总消费比重发生变化，那些需求收入弹性高的商品的支出占居民消费总支出的份额逐渐提高，而那些需求收入弹性低的产品的支出占居民消费总支出的份额会越来越低。因此，随着收入增长，代表消费结构升级方向的发展享受型消费将会逐渐增长，消费品质也会随着居民消费水平和能力的提升而逐渐提升，这也就意味着恩格尔系数可以评价家庭的消费结构，恩格尔系数如果较大，说明食品消费在总消费支出中占比较高，消费结构不合理，消费升级不明显，家庭生活品质较差；如果恩格尔系数随时间推移慢慢减小，说明家庭的生活水平在不断提升，消费结构处在不断优化升级之中。大致的，评价一个国家或家庭是富裕还是贫穷，可以从恩格尔系数中看出端倪，如果一个国家或家庭的恩格尔系数超过了60%，表明非常贫穷，系数在50%～60%之间表明生活水平处于温饱状况，系数在40%～50%之间可以认为是小康水平，系数在20%～30%则代表生活水平较为富裕。恩格尔系数的变化可以用来说明我国居民消费结构升级水平，恩格尔系数越低说明居民在低层次消费方面花费比例越少，人民生活水平越高，居民消费结构升级就越明显。

2.2.4 马克思消费理论

马克思认为消费和生产是一种对立统一的关系，其中，生产为消费提供了材料和对象，消费则为生产提供了目的和需求，两者互为媒介、相互依存。马克思曾指出：生产行为本身就它的一切要素来说也是消费行为。客观而言，在生产、交换、分配、消费的社会再生产过程中，不只是生产可以作为起点，消费也可以作为起点。生产的产品如果没有消费需求也就没有了市场，就不会有人去生产。没有消费层次提升，生产水平的提升也就失去了动力；没有消费需求的增加，生产规模的扩大也就无从谈起。马克思认为不仅有“生产力”的概念，还存在“消费力”的概念，“消费力”比“生产力”更为重要。马克思非常重视消费能力的提升，他认为消费能力是消费的重要条件，是消费的首要手段，而这种能力是一种个人才能的发展，一种生产力的发展。但是在学术与实践中，讲经济发展就是默认讲生产力发展，消费力概念被长期忽视，这与经济发展所处的阶段有关。在短缺经济下，经济发展的主要制约因素在生产方面，经济发展主要依赖提升生产力；而当经济发展到一定程度后，短缺经济得到了解决，市场反而出现了过剩，这时候主要制约因素就变成了需求不足而不是生产不足，出现了消费主导生产的状况。那么在现阶段我国经济已经由高速增长转变为中高速增长的新常态下，提高经济发展质量就离不开消费的作用，今后在经济高质量发展的理论和实践层面，就需要给予消费升级更高的重视程度，从而增强消费升级对经济高质量发展的促进作用。

2.2.5 有限需求理论

在大多数经济学教科书中，对消费的描述一般是随着收入的增长，消费也会增长，即消费是收入的增函数。虽然诸如新古典经济学等主流经济学认为，人的需求是无限的，随着收入的增长，消费必将随之增加。但还有一些学者提出了其他不同的观点，其中就包括需求是有限的、可以饱和的思想。瓦尔拉斯（1987）在其代表作《纯粹经济学要义》中就提出当一个商品价格为零时，对其需求有一个最大量的说法，他将此时商品带来的总效用称之为“广泛效用”。瓦尔拉斯认为广泛效用是一个可以测量的量。莱恩·多亚尔和伊恩·高夫（2008）认为：“要想实现人的健康和自主的优化，只需要一定水平的中间需求的满足即可。如果超越了这个水平，额外的投入将不会继续提升基本需要的满足。”Warr（1987）也曾用“维生素模式”的例子来说明过量的需求对人并无益处。山崎正和（1984）则认为，消费就是将物品的消耗和再生作为表面的目的，而实际上追求的是充实地度过时间，随着欲望得到满足，人感到的快乐也会递减，到最后反而成为一种痛苦。

我国学者祁晓冬（1996）也曾提出饱和需求的概念，并用严谨的数理模型论证方法对此进行了巧妙的推论，随后其饱和需求思想在娄伶俐（2009）、周密和刘秉镰（2017）等学者的相关文献中得到了应用和扩展。另外，我国学者党爱民等（2004）、吕宗耀（2011）同样认为需求是有限的，社会总需求一旦接近或达到饱和，将会出现过剩经济。陈昆亭等（2020）提出了有限需求理论，基于有限需求和效用最大化假设，应用动态优化模型测算出了家庭和企业家的最优消费水平。他的“有限需求理论”认为，人们的需求是有限的，经济的长期增长取决于横向创新，也就是新产品不断地推出。因为旧有的产品总会有一个饱和的时期，假如没有新产品被创造出来，所有产品都饱和的时候经济就停止增长了。一个国家最初为什么发展得很快？因为所有商品都不饱和，都是需求，需求远远大于供给。但是当生产水平一天天改进，供给能力不断增强的时候，所有商品就慢慢开始饱和了，于是国家经济的总体增长率就会下降，这就是有限需求理论的中心思想。一个人的消费与收入的关系可以用图2-2来表示。

可以看出，在一定的区间内，消费数量随着收入的增长而快速上升，

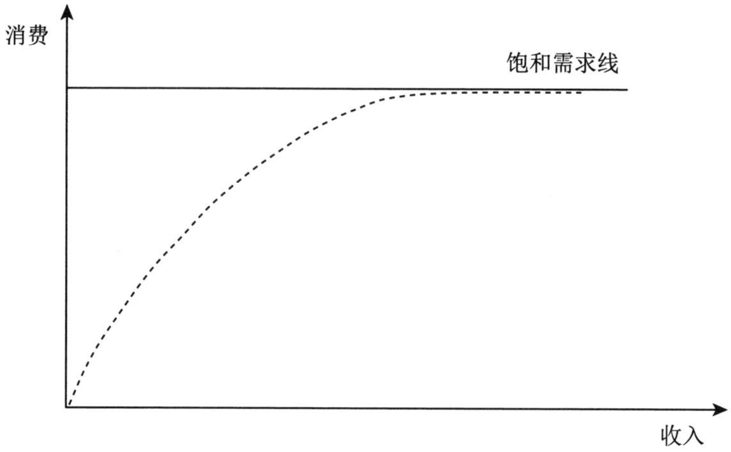

图 2-2　有限需求下消费与收入的关系示意图

资料来源：吕宗耀．消费餍足性假设下的收入分配与经济增长［D］．武汉：华中科技大学，2011.

在原点附近，消费曲线表现为接近 45°的趋势，也就是当收入较低的时候，消费者会把大部分收入用来消费。随着收入的增长，用来消费的收入份额将会逐渐降低，直到收入上升到一定程度以后，消费变得对收入不敏感，近乎与饱和需求线重合，此时，消费接近饱和需求量，收入继续增长对消费量的增加不起作用。

如一些西方发达国家虽然收入水平在增长，但平均消费倾向已连续多年趋于稳定，这间接说明消费并没有随着收入的增长而增长。现实中一些富裕人口长期遵循较为固定的消费方式和习惯，他们认为这种消费方式和习惯可以令其达到满意的生活状态，因此消费数量并不会因财富的继续增加而增加。而一些消费者，比如信奉极简主义（Minimalism）或乐活主义（LOHAS）的消费者，只需要满足自身基本的需求就能体验到很高的效用水平。这些现象足以说明需求可以是有限的，当收入达到一定水平之后，消费并不必然会随着收入的进一步增长而增长，收入超过一定的额度后与消费并不必然呈正相关的关系，即消费需求是否增加不仅依赖于财富状况，还与消费者的消费理念有关。当收入很低的时候，总需求受到预算约束较大，需求会随着收入增加而上升，当收入增长到一定程度，需求虽然受预算约束的压力变小，但需求量可能会达到饱和，并不必然表现出永久地随收入增长而增长。

有限需求认为，人们对商品的需求是严格有限的，是可以饱和的，当需求饱和后，消费数量将不随着收入水平的增加而增加。那么，在有限需求理论的假设下，居民消费在数量上满足以后势必会更加注重商品的需求结构与品质，从而对经济高质量发展起到重要的影响作用。

2.2.6 可持续发展理论

近几十年来，因经济粗放型发展，我国及其他许多国家的生态环境问题变得愈发突出，区域甚至是整个地球的生态都因为粗放型的经济发展模式遭到了严重破坏，这促使人类开始反思只重视数量增长的发展模式，可持续发展理论就是在这样一种语境下逐渐得到重视并成了全球性共识理念的。一般而言，根据学者的研究，可持续发展的基本要求可以归结为以下几点：①可持续发展要求改变以往只追求经济增长、忽视环境的发展模式，建立质量型、效率型、绿色型经济发展模式；②经济发展过程中需要产业合理布局，重视运用创新技术，实现清洁生产和绿色消费，提高资源使用效率，减少污染排放等；③为了兼顾社会、资源、经济与环境效益，需要从资源型经济转变到知识密集型与技术密集型经济。

一定程度上，高质量发展和可持续发展的最终目的是相通的，它们有着共同的目标和方向，实现了经济高质量发展也就实现了可持续发展，如何在消费升级过程中减少对资源环境的影响是实现可持续发展的重要关注点，也是实现经济高质量发展必须重视的研究内容。

第3章 居民消费升级对经济高质量发展影响机理分析

本章对居民消费升级对经济高质量发展的影响机理进行了系统分析。在上一章概念界定里已经分析了经济高质量发展可以依据新发展理念分为创新、协调、绿色、开放和共享五个维度。为更好地理解消费升级对经济高质量发展的作用机制，本章从经济高质量发展的五个维度出发分析居民消费结构升级和居民消费品质升级对经济高质量发展的影响机理，分别探讨了居民消费结构升级和居民消费品质升级驱动创新发展、协调发展、绿色发展、开放发展和共享发展的理论机理，并在此基础上分别探讨居民消费结构升级和居民消费品质升级推动整体经济发展质量的理论机理。

3.1 居民消费结构升级对经济高质量发展的影响机理分析

3.1.1 居民消费结构升级对创新发展的影响机理

3.1.1.1 居民消费结构升级对生产技术创新的影响

居民消费结构升级一般可以认为是居民消费层次和消费结构的优化，是居民的消费需求由新时代的主流商品逐渐替代以往时代的主流商品的渐变过程，具体见图3-1（石明明等，2019）。

居民消费结构升级意味着对产品和服务的需求层次由低级向高级发生变化，居民更加倾向于购买能够更好地满足自己效用的高层次产品，这就引致了对产品和服务的需求结构、规模等方面发生改变，对商品和服务提

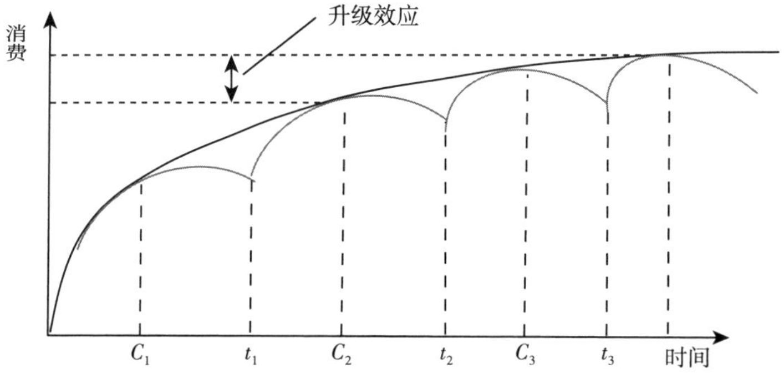

图 3-1　市场主流产品随消费结构升级变化

注：C_1、C_2、C_3 为不同时代的主流商品

出了更高的要求。厂商在之前的技术下生产的产品无法有效满足消费结构升级的需求，因而利润空间被压缩，促使其不得不在技术上进行革新，以满足居民消费升级所带来的新的需求，从而实现自身盈利的最大化和长远发展（龙少波等，2020；蒋瑛和黄其力，2021）。这种由消费结构升级所引致的生产者技术发展行为，将带来整个行业的技术进步，从而影响整个社会的创新能力，带动产业高质量发展（康金红和戴翔，2021）。

3.1.1.2　居民消费结构升级对产品创新的影响

新产品的研发和产生离不开消费需求的促进作用。没有需求就没有生产，凯恩斯经济学认为供给是由需求决定的，以需定产是市场运行的一大特点。因此，正是因为有市场上对新产品或某种新功能的潜在需求，才会有产品的创新，这就是所谓需求引致型产品创新。当居民收入提升，居民对消费品会提出更高的要求，有能力去购买更好、更贵的新产品，原有的低层次消费品无法很好地满足居民需求，这就使新产品逐渐有了市场空间。为了满足居民消费结构升级所带来的对新产品、新功能的需求，从而获得更大的利润，生产者会在新产品研发上进行投入，从而在产品上实现创新，并因为技术壁垒和市场先入优势，在满足居民新需求的同时可以获得更大的利益。

因此，消费的结构升级提升了企业的竞争力，增加了企业的技术投资，促进了新产品的研发和顺利推出，有利于产品的创新发展。具体影响如图 3－2。

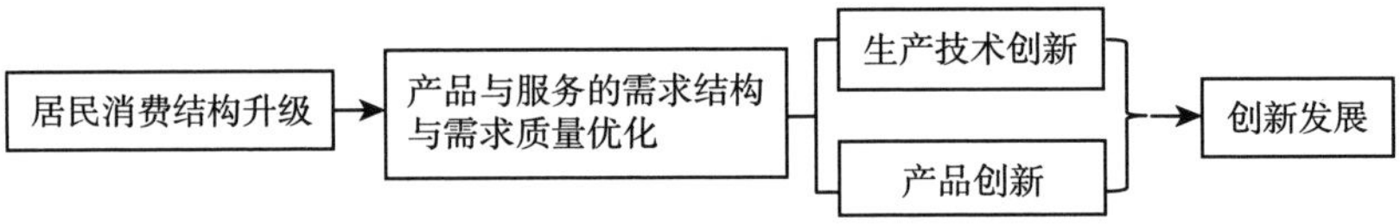

图 3－2　居民消费结构升级对创新发展的影响

3.1.2 居民消费结构升级对协调发展的影响机理

3.1.2.1　居民消费结构升级对产业高端化的影响

随着居民收入水平不断提高，居民消费需求逐渐由重视实物型消费转向重视服务型消费。从逻辑上来说，之所以会存在产业优化升级，是因为市场需求的带动作用。从根本原因上看，产业优化升级是顺应了市场客观需求的变化引致的。换言之，如果不考虑市场的真实需求，即使再先进的发明创造，再强力的政策支持，也不可能有成功的产业优化升级。根据经济学相关理论，居民消费结构升级可以通过以下两条途径带动产业优化升级：①恩格尔效应。居民消费结构伴随着居民收入的增长发生变化。随着居民收入的增长，那些需求收入弹性比较低的商品——如食品类商品，其需求量占居民总需求的份额将会逐渐降低，而那些需求收入弹性高的商品——如服务类商品，其需求量占居民总需求的比重将会越来越高。居民总会追求能使自己的生活变得更加舒适、更加安全、更加方便、更加幸福的高需求弹性商品，随着收入的增长，居民会更多地转向技术含量、服务质量更高的产品和服务。需求端的变化会传递到产业结构和产品结构中去，企业为了能在这种不断变化的市场中生存发展，必须顺应需求变化的趋势，在新产品和服务的研发和生产上增加投入，那些能够抓住市场变化节奏成功转型的企业将会在竞争中得到发展，而那些不求发展，不适应市场变化的企业将会被淘汰或边缘化，市场变化使产业结构开始优化（Boppart，2014）。可以说居民消费结构升级联动了产业的升级发展。②鲍莫尔效应。

即当一些产品或服务的消费需求旺盛时，资本为了攫取更多利润会增加相关产业的投资，这会促进相关产业技术水平的提高，而高端产业往往是技术含量更高的高附加值产业，资本的流入会使高端制造业和高端服务业等产业的生产率快速增长，生产成本降低，这意味着厂商无需提高其生产的商品的价格（甚至可以降低商品价格以扩大市场）就有能力提高其支付给生产者的工资。因此，在效率提高和成本下降的双重力量驱使下，高端和高附加值产业发展壮大（Baumol，1967）。居民消费结构升级的典型特征就是服务型消费比重上升的同时伴随着实物型消费比重下降，新兴服务型行业越来越旺盛的需求会吸引相应资源流入，也就是说居民消费结构升级会引起资源在不同产业间的重新分配，那些需求较少、产能过剩的产业将面临淘汰的风险，而需求旺盛的新兴产业将会集聚更多资源，从而得到快速发展。居民消费结构升级引导着就业结构和投资结构，为了适应消费结构的变化和发展，市场的供给结构也在不断变化与发展。这说明产业技术进步的源头是旺盛的市场消费需求，因此居民消费结构升级的最终结果将是产业向高端化升级发展。

3.1.2.2 居民消费结构升级对区域协调的影响

从对区域协调不利的一方面来说，居民消费结构升级一定程度上影响着居民的流迁行为，从而影响区域的协调发展。根据推拉理论，居民有择地愿望，而对满足消费需求的追求是影响居民流动的一个重要因素，人们会向能够满足更高层次消费结构需求的地方流动和迁移，这就间接影响了区域间的发展。随着社会的发展和进步，消费者不仅会对商品和服务的结构和品质更加重视，而且会越来越注重消费环境的优劣，区域作为消费的地域载体，其所能提供的消费品类差异越来越影响人们择地居住的选择（Urry，1995）。那些具有公共属性的消费品，如学校、图书馆、医院等，私人部门无法有效供给，很大程度上依赖政府公共服务供给水平。在我国，由于地方和中央政府之间的财政分权政策，这些具有公共属性的消费品的供给资金主要为地方政府的财政支出（王宁，2015），而不同的经济发展水平甚至是地方政府对待公共服务发展的态度的不同都会影响这部分消费品的供给。可以说这种与消费环境有关的区域间的差异很大程度上影响着消费者的跨区域流动与迁移，消费环境越好的地区越容易吸引消费者。当一个地区无法更好地满足居民消费升级的需求时，居民可能会流动或迁移到拥有更好消费环境的区域（夏怡然和陆铭，2015）。人口的流入会增加流入地的消费力，不仅会扩大本地的消费人口基数，带动本地消费市场尤其是服务消费市场的繁荣，而且还会拉动当地产业发展与就业。市场规模的进一步扩大使更多的高端产品达到盈利门槛，吸引更多高端产业来本地布局和高素质人才的进一步流入，带动了流入地创新能力提升和人力资本的提升。但与此同时，随着消费者的流出，流出地的消费力下降，对流出地的经济发展具有不利影响。这表明居民对高水平消费结构升级的需求影响了居民的流动和迁移，间接扩大了区域性经济发展差异。

但是从市场格局来看，居民消费结构升级促使居民消费向更高层次跃迁，导致市场格局发生变化，经济不发达地区对发达地区的追赶效应以及经济发达地区对落后地区的示范效应，有利于区域间产品互通有无，打破地方保护壁垒，进而在一定程度上促进区域间的协调发展（崔耕瑞，2021）。

3.1.2.3 居民消费结构升级对城乡协调的影响

从促进城镇化的作用来看，居民消费结构升级可以影响城市化进程。每个消费者的消费行为都是在一定的消费环境中完成的（尹世杰，2007），很明显，现阶段农村消费环境与城市消费环境差异较大，消费品的门槛效应导致很多产品只能在人口集聚的城市提供，无法供给到人口分散的农村地区。由于居民消费结构升级的方向主要是由物质型消费向服务型消费转变，而许多服务业都属于不可贸易品（李冰，2019），例如，优质的学校教育等只能在城市提供与消费，在农村地区无法享受到高质量的教育服务。城市中这些不可贸易品给人们提供了舒适性福利（amenity）（Glaeser 等，2001），是驱使人们迁移到城市的重要力量（Lee，2010；Chen 等，2008）。随着城市与农村服务型商品质量差距的扩大，农村消费品的结构无法满足居民消费结构升级的需求，为了获得更好的消费环境，满足消费结构升级需求，农村人口会向具有消费吸引力的城镇迁移。根据《2017年中国流动人口动态监测调查数据》显示，流动人口打算居留在城市的主要原因中，排在第一位的是为了“子女有更好的教育机会”，可见，基础教育等相关服务型产品已经成为影响农民迁移到城镇的主要因素（刘金凤和魏后凯，2019）。城镇拥有更多样化的消费机会，吸引着农村人口迁入，因而居民消费结构升级促进了城镇化。

另外，居民消费结构升级还影响着城乡发展差距，这主要体现在随着居民消费结构升级，大量农民为追求更好的消费环境流入到城镇，城镇的劳动力增加，同时消费人口基数扩大，增加了城镇的需求市场规模，带动城镇消费市场尤其是服务消费市场的繁荣，极大地拉动了城镇的产业发展。而大量农村人口的流出使农村失去了劳动力和消费市场，许多农村逐渐空心化，不利于农村发展，城乡发展差距逐渐扩大。

总之，居民消费结构升级一方面促进了城镇化发展，另一方面可能会拉大城乡发展的差距，因此对城乡协调发展的方向具有不明确性。

通过以上分析可知，居民消费结构升级可以通过影响产业协调、区域协调与城乡协调来影响协调发展方向（图3-3）。

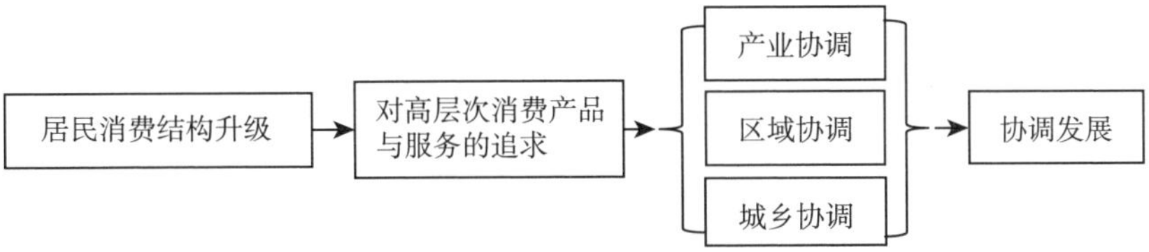

图3-3　居民消费结构升级对协调发展的影响

3.1.3 居民消费结构升级对绿色发展的影响机理

一方面，消费结构一般由物质型消费向服务型消费升级的特征使服务业的消费比重越来越大，而服务业本身具有低污染、低能耗等环境友好特征，因此会减轻消费对环境的压力（赵敏和张卫国，2009）。且在消费结构升级过程中，新需求会对生产厂商提出更高的技术要求，倒逼生产厂商提高生产技术水平，从而有利于提高效率、节约资源。

但另一方面，如果消费结构升级中攀比炫耀性消费因素较重，消费结构升级的目的更多的是满足炫耀性需求，则这种对消费不合理的追求势必会引起消费者之间的模仿和面子竞赛，从而导致全社会的消费标准非理性攀升，奢侈消费品和浪费性消费在社会上变得流行。居民之间的位置消费竞争使消费结构朝着不合理的方向升级，人为地使商品使用寿命变短，加速了商品更新换代的频率，从而产生大量的废弃物。而且生态资源的压力又会传导至实体经济，导致生产成本增加等。现代社会，居民购买商品所需要的产品信息，很大程度上来源于广告等市场营销手段，商家为了迎合居民消费升级需求，加强了广告营销，这也就导致了广告等市场营销成本的上升，浪费了更多不必要的物质资源与财富。结合以上分析综合思考认为，居民消费结构升级对绿色发展的方向是双向的。具体影响如图 3－4。

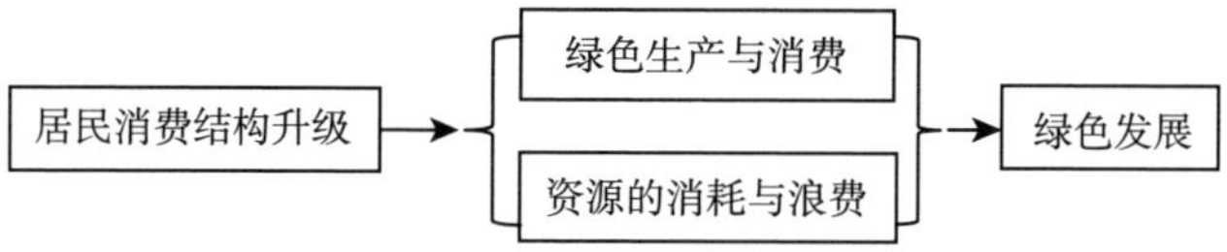

图 3－4　居民消费结构升级对绿色发展的影响

3.1.4 居民消费结构升级对开放发展的影响机理

3.1.4.1　居民消费结构升级对国际贸易的影响

对进口而言，居民消费结构升级将会驱使居民逐渐从物质型消费过渡到享受型、发展型消费，这一过程将会提升高层次产品需求的数量和占比，也就说居民消费需求的变化必定会带来产品结构的调整。若国内缺少能够满足消费结构升级所需产品的供给能力，国内生产商将无法满足消费需求结构改变所带来的市场增量空间，国内的供给市场缺口只能由国外生产商的供给来满足。即使有能力生产，但如果国内厂商不具备比较优势或绝对优势时，选择进口同样是一个更好地满足居民消费需求的方式。以上这些因素均会促进本国扩大进口贸易规模。

对出口而言，对外贸易是国内贸易的拓展和延伸，居民消费结构升级对国内厂商形成了很强的创新驱动力，消费者的需求会倒逼国内厂商提升生产效率，增强技术创新能力，即消费升级为国内企业在新产品的研发投入上提供了动力，增强了国内企业对产品生产技术和标准的重视，刺激企业生产竞争力更强的产品。不断创新升级的产品不但占据国内产业价值链上游，而且提高了产品在国际市场的竞争力，形成较强的竞争优势。总之，居民消费结构升级有利于本国企业提升生产率与国际竞争力，从而有利于一国的出口贸易。

3.1.4.2 居民消费结构升级对国际投资的影响

从吸引外资的角度来看，随着我国居民收入的不断增长，人们的生活水平逐步提高，特别是我国中产阶级的规模迅速壮大，消费结构升级带来了广阔的市场增量空间。国内超大规模的消费升级市场是吸引国外投资的重要手段，根据美国和欧盟商会在新冠疫情发生后对中国部分城市的调查显示，绝大多数的外资企业没有转移在华投资的意愿，主要是因为国外投资者不想失去我国消费持续升级潜力所带来的广阔的消费市场。因此，我国居民消费结构升级带来的增量市场有利于吸引外商在我国进行投资。

从对外投资的角度来看，根据保罗·克鲁格曼的新经济地理理论，大国具有“国内市场效应”，当一个国家拥有较大规模国内市场时，则可以通过国内市场有效孵化和提升国内企业竞争力支持本国企业参与国际市场竞争（Krugman Paul，1991）。消费结构升级带来了增量的需求规模，对国内厂商形成了较强的创新驱动力，使本国企业提升研发能力和生产效率，从而提升本国产品的价值链，提升本国企业国际竞争力，促进本国的对外投资。我国拥有超大规模消费群体，居民收入持续增长，具有巨大的消费升级潜力，可以有效培育产业竞争力，对我国开展对外投资、参与国际市场竞争具有良好的催化作用。

3.1.4.3 居民消费结构升级对市场化的影响

居民消费结构升级会改变市场需求，使资源在产业间得到重新分配。为了争取更大的利益，厂商以及政府部门会想方设法提高市场化水平，打破阻碍地方发展的各种因素，提高市场竞争自由度，在产业间推陈出新，刺激新产业的发展，强化产业供需结构的匹配。当市场化水平不断提高时，市场准入门槛放宽，厂商的竞争性与自主权得以增强，促使产品创新以满足不同的消费需求，进一步扩大了市场，提高了本地企业利润和研发投入，促进本地产业结构的优化。

综上分析，居民消费结构升级过程中所引起的需求结构的变化，会直接或间接影响国际贸易、国际投资以及市场化的发展，从而影响我国的开放发展水平。具体影响见图 3-5。

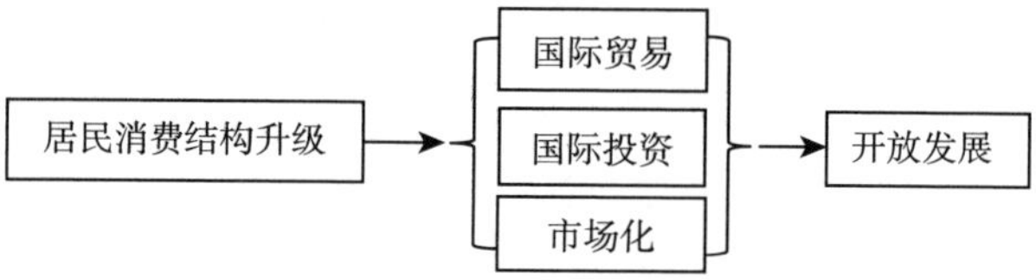

图 3-5 居民消费结构升级对开放发展的影响

3.1.5 居民消费结构升级对共享发展的影响机理

消费是拉动经济增长的第一动力，消费升级产生的更高层次的需求会传导至生产环节，助推产业优化升级和技术升级，提升经济活力，提高供给水平，从而增加企业利润、居民收入以及税收，增加社会财富。而且，在居民消费结构升级进程中，居民的需求结构将会从低层次商品向高层次商品转变，居民消费结构升级最终使商品和服务的结构得到优化，而商品和服务的优化反过来促进了居民生活福利的改善，使居民的美好生活需求得到更好的满足。因此，居民的消费结构升级间接促进了经济成果“还利于民”，有助于实现共享发展。

对于就业而言，居民消费结构升级会对就业结构产生影响。经验表明，消费结构升级都会造成对传统工作岗位的破坏和技术更新，这会对一些不符合消费结构升级方向、需求趋于饱和的行业的低人力资本劳动者造成不利影响，他们可能会因此而失业。但另一方面，居民消费结构升级在对既有工作岗位造成冲击的同时还会产生新的岗位。因此，消费升级虽然会造成既有工作岗位的破坏，但与此同时会创造更多新的工作岗位，因此会产生更多的工作机会和更高的劳动者收益。随着消费升级的推进，越来越多的就业岗位被创造和提供，对稳定和扩大就业发挥了重要作用。具体影响见图 3-6。

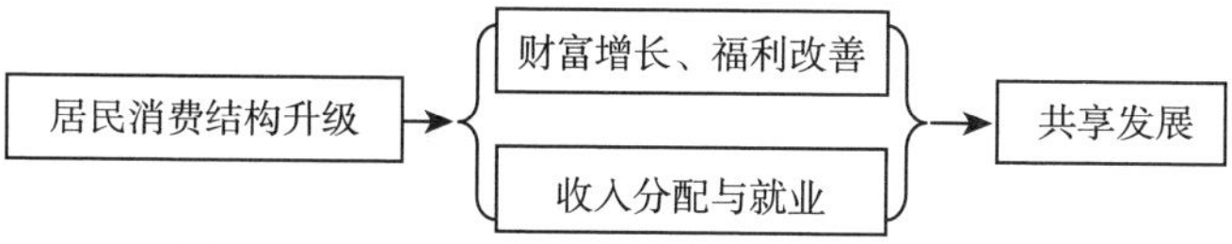

图 3-6　居民消费结构升级对共享发展的影响

3.1.6 居民消费结构升级对经济高质量发展的影响机理

本书的经济高质量发展包含了创新发展、协调发展、绿色发展、开放发展和共享发展五个维度，综合来看，居民消费结构升级对经济高质量发展的影响方向与强弱取决于居民消费结构升级对五个分维度的影响大小与强弱。据此，通过以上五个维度的机理分析刻画出居民消费结构升级对经济高质量发展的综合性影响机理（图 3-7）。

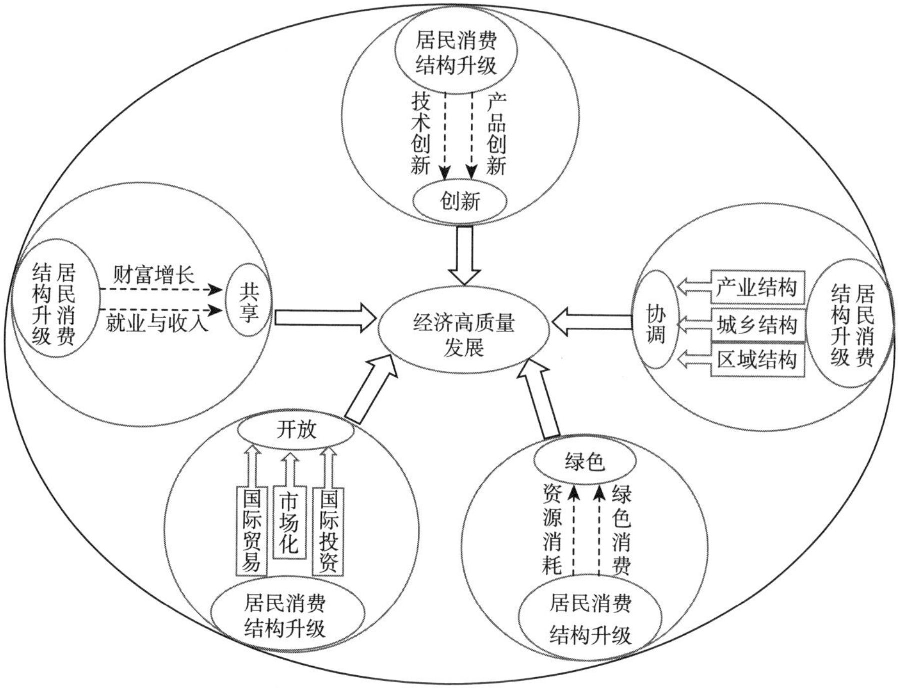

图 3-7　居民消费结构升级作用于经济高质量发展的内在机理

3.2 居民消费品质升级对经济高质量发展的影响机理分析

3.2.1 居民消费品质升级对创新发展的影响机理

创新不是无缘无故发生的，它是在市场利益驱使下追求先进技术换取超额利润的结果。创新是追求利润的经济活动，并由市场需求和市场供给共同决定，它受消费需求的引导和制约。

一般的经济学教科书中的消费理论模型都将偏好设定成位似的，即随着居民收入的增长，其对低品质产品和高品质产品的消费比例的增长变化是一致的。但是在现实中，位似偏好的假设很难成立，因为实际情况是随着居民收入水平的增长，居民会对低品质产品的偏好降低，对高品质产品的偏好增强，从而使低品质产品的消费数量下降，高品质产品的消费数量提升，即对不同产品的需求是非位似偏好的（欧阳伟如，2018）。具体如图 3－8 所示，X 代表高品质产品，Y 代表低品质产品。A、B、C 分别是为 X 和 Y 的三个组合点，即收入预算线和无差异曲线的交汇点。从图 3－8 中可以直观地看出，收入预算线随着居民收入水平提高会向右移动，此时

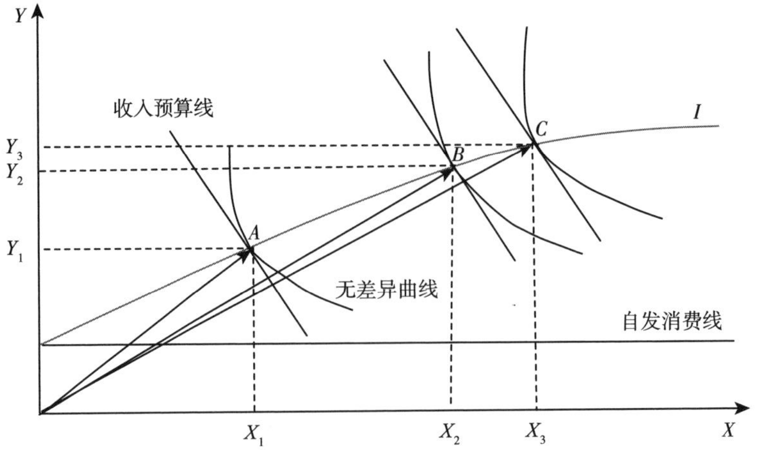

图 3－8　消费者对不同质量产品的非位似偏好

资料来源：欧阳伟如．收入分配对产品质量的影响［D］．武汉：武汉大学，2018.

X 和 Y 的需求数量组合并非为等比例提升的。高品质产品 X 的需求数量增长幅度要大于低品质产品 Y 的增长幅度。

居民消费品质升级之所以能够引致创新发展，其背后机理是随着居民收入的提高，其对高品质产品的需求弹性大于对低品质产品的需求弹性，扩大了高品质产品市场的同时缩小了低品质产品的市场。高品质产品的需求随着居民消费品质升级变得更大，厂商受到利润驱使会主动增加研发投入，促进了创新发展。

具体而言，基于非位似偏好，由于居民消费品质升级，对高品质产品需求弹性的增强扩大了高品质产品的需求，而生产更高品质的产品需要较高的生产技术，面对同行业的竞争，为了抢占消费品质升级带来的市场先机，厂商需要快速提高和更新生产技术。因此，消费品质升级会倒逼一部分具有长远眼光的厂商进行生产技术改革创新，更新生产线，提升本企业所生产的产品或服务的质量，增加供给效率和能力，提高自身的市场竞争力，在市场上形成先发竞争优势。而且，强大的品质需求升级市场还可以减少技术创新的不确定性，降低创新失败的风险，帮助优秀企业在短时间内提升利润和降低成本。可以说，居民消费品质升级为生产技术的发展提供了需求端动力，间接促进了供给端的生产技术进步。

通过分析可知，居民端消费品质升级可以为技术的创新与发展提供充分的需求端动力，企业为了获取更多市场与利润而进行创新的行为可以有效提升生产技术，促进整个社会经济创新发展的实现。具体影响见图 3-9。

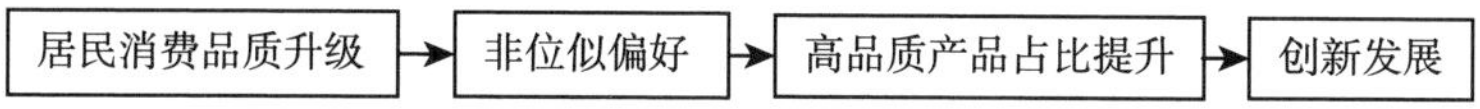

图 3-9　居民消费品质升级对创新发展的影响

3.2.2 居民消费品质升级对协调发展的影响机理

3.2.2.1 居民消费品质升级对产业高级化的影响

从需求侧看，经济要实现产业的高级化，一个最重要的内在驱动力量就是消费升级。由消费品质需求升级引致的技术创新是产业结构演进的技术基础，消费需求转变会倒逼企业提供更高品质的商品，从而驱动产业高端化发展。其影响链条为“消费品质需求升级→技术或服务创新→产品质量升级→产业高端化发展”。消费需求是对最终产品的需求，消费品质升级会通过市场机制对企业在产业链中的位置进行重新排列，对市场变化比较敏感的企业会提前感受到市场信息的变化并谋求转型，另外一些企业则可能无法跟上市场变化而失去竞争力，产业结构逐渐优化。可以说，中国庞大的国内消费品质升级市场加速了产业优化的进程。

另外，消费品质升级不仅能够促进产品质量的变化，而且会推动服务质量提升，从而对服务业产生一种正向的溢出作用。随着居民收入的稳步增长，居民在消费的“量”上已经获得满足，对于低质低价的产品与服务不再青睐，更加注重消费的品质，开始追求高品质的商品以及附加在产品上的相应服务。伴随着现代生活节奏的加快，居民在消费升级的同时还会计算时间成本，表现在消费过程中更加追求即时性、便利性、体验性的购物环境。随着我国居民消费品质升级，消费环境越来越多地加入了人工智能、数字技术、5G、信息技术、大数据等现代科技元素手段构建数字环境（毛中根等，2020），催生了消费新模式，极大地激发了消费业态创新和新兴服务业的兴起。总的来说，消费者在需求品质上的更高追求，为服务业态实现变革及发展注入推动力，促进了新消费发展，使体验式购买、交通物流、售后服务等行业的服务质量得到提升，从而促进了服务业的发展，提升了服务业在产业中的占比。

3.2.2.2　居民消费品质升级对区域协调的影响

对消费品质的追求让居民越来越重视一个地方消费机会的优劣，研究表明，提供更优质的本地化消费机会（Local Consumption Amenities）的地方一般是经济发达区域，拥有更高品质的本地化消费机会的区域对高素质人才尤其具有吸引性，有利于人才流入，而高新技术产业又因为追逐人才而在相应地区投资设厂，从而进一步促进当地发展（王宁，2014）。常见的本地化消费机会包括餐馆、咖啡厅、电影院、购物中心、游乐园等，这些场地是消费品质的重要载体，它们的发展水平很大程度上影响着消费者消费品质能够达到的高度。随着现代交通设施的发展和运输成本的下降，产业对原料产地和自然资源供应地等区位因素的需求变弱，取而代之的是倾向于布局在拥有更好人力资本的地区。之所以发生如此变化，是因为人力资本在生产中的作用越来越重要。也就是说现代企业区位选址越来越取决于人才选址，人才的择地偏好很大程度上影响了企业的区位选址偏好。越是高新技术企业，越需要高技术人才，就越倾向于跟随高技术人才的择地偏好进行公司的布局，在区位选址时会间接考虑投资地的消费机会是否满足人才的需要。

随着越来越多的人因为追逐消费品质而聚集到能更好满足自己需求的区域，该区域房租等生活成本将会上升，那些难以支付员工更高工资的劳动密集型产业会因为招工困难等因素迁移到其他地区，而那些能够支付更高工资的企业可以在拥有更优质消费机会的地区生存下去，即投资回报率高的产业排挤了投资回报率低的产业（王宁，2014），这一过程导致区域之间的产业结构发生变化，促进了拥有更优质的本地消费机会的地区产业的高端化和经济的高速发展。

3.2.2.3 居民消费品质升级对城乡协调的影响

对城镇化而言，一些城市经济学家认为，城市不仅是生产中心，更是重要的消费中心，城市往往具有多样化的消费机会，对于追求消费品质的居民而言，城市中高质量消费机会的集聚既提供了同类商品“比较购物”的机会——即能够在许多同类型商品中挑选自己更偏爱的高品质商品，减少了商品搜寻过程的成本，同时也提供了“一站式购物”机会——即居民可以单次出行完成多重购物的目的（徐杨菲，2017）。这些能够满足居民消费品质升级的良好条件，对居民迁移到城市具有很大的吸引力。

按照消费对象的空间流动性，消费对象可以划分为可贸易品（Tradable Goods）和不可贸易品（Non - Tradable Goods）两大类（Goldstein M 等，1980）。各种制造业产品是典型的可贸易品，随着现代流通业的发展，人们无论在城市还是农村都能轻松购买到其他地方生产的可贸易品。但是诸如餐厅、游乐园等不可贸易品只能在其所存在的地方进行消费。显然，居民消费品质升级不仅会对可贸易品的品质提出更高要求，而且对不可贸易品的品质也提出了高要求。城市在消费上之所以区别于农村，并不在于那些城乡间无明显壁垒和差异性的可贸易品，而是在于不可贸易品的丰富性和质量。城市是人民追求美好生活的空间载体，在劳动力流动日益频繁的今天，为追求消费品质升级的居民提供更高质量的消费机会已成为城市吸引和留住人才的关键，而人才是城市持久竞争力的核心要素（Glaeser E L 等，2001），人才的流入进一步促进了城市的发展。城市对农村人口迁移更具吸引力，城镇化率也因此得以进一步提升。

对农村而言，一方面，居民消费品质升级使农村居民更加注重商品品质和服务品质，有利于扩大高品质消费品消费量，促进更多高品质商品下沉市场，带动品牌下沉。扩大的市场进一步拉动了农村地区交通、通信等基础设施的建设需求。农村居民消费品质升级的限制条件不仅仅是经济能力，更是信息接收的能力。为了迎合农村居民消费品质升级市场，相关方面也会努力提升乡村互联网覆盖率，激发农村居民追求“生活品质升级”的潜力与空间，缩小城乡发展差距。

通过以上分析可知，居民消费品质升级可以通过影响产业协调、区域协调与城乡协调来影响协调发展方向。具体影响见图 3－10。

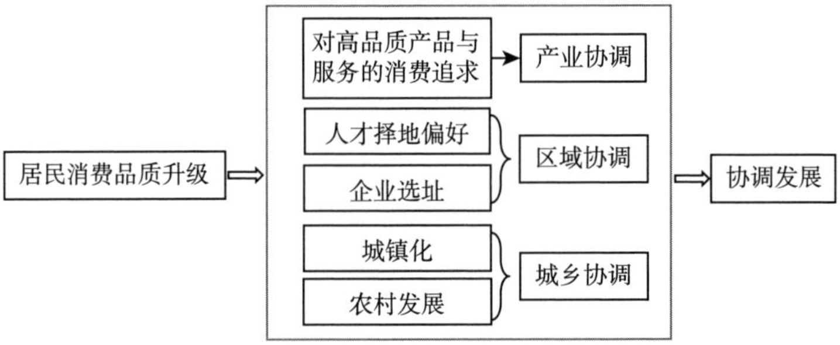

图 3－10　居民消费品质升级对协调发展的影响

3.2.3 居民消费品质升级对绿色发展的影响机理

3.2.3.1 于绿色发展之利

居民消费品质升级主要体现为随着居民收入的提高，居民消费将由低端消费商品和服务向中高端消费商品和服务转变，会越来越注重商品与服务的高品质、个性化等特征，更加追求商品与服务的质量。从需求侧来看，伴随着居民消费品质的升级，居民的健康意识也在提升，居民消费品质的升级往往意味着追求对自身更有益的、更能满足自身效用的产品，这些有益于自身的产品往往也是有益于生态环境的——如“绿色产品”等，居民消费更多绿色健康等高品质产品对环境也会大有益处，因而居民消费品质升级有利于绿色发展。

从供给端来看，因居民的消费品质提升会传导至产出端，居民对绿色消费品等高品质产品的追求也会促使厂商在绿色生产技术上创新，从而促进绿色生产，对环境产生积极影响：由于市场机制的自然传导，居民绿色消费偏好的增强会派生绿色产品需求，新的需求会推动企业扩大环保投资，通过清洁生产提高绿色产品供给质量，满足居民对绿色产品需求的同时实现经济与环境的可持续发展。因此，市场对绿色产品渐高的需求提升了生产的绿色化水平。

3.2.3.2 于绿色发展之弊

消费品质升级对绿色发展不利的方面可以用“狄德罗效应”概括。18世纪法国启蒙运动思想家狄德罗在他写的《与旧睡袍别离后的烦恼》中讲述了一种消费品质升级的规律：一位友人赠与他一件品质上乘的红色新睡袍，他非常喜欢，并把以前的旧睡袍丢弃。但没过多少时间，他感觉新睡袍与家里的物品包括桌椅板凳等家具，甚至墙上的挂件都格格不入。为了使家中的物品与新睡袍的品质更加协调，他将家中的那些家具等全都换成了新的。但是，更新完后他才发觉，虽然家里焕然一新，但却没有以往的温馨感，于是他又后悔扔掉了那件旧睡袍，并责备自己“居然被一件新睡袍胁迫了”（Denis Diderot，1964；林晓珊，2017）。格兰特·麦克莱肯将此概括为“狄德罗效应”，即“一种鼓励个体在他/她增补消费品时维持文化一致性的力量”（Grant McCracken，1990），它是推动消费品质升级不断上行的重要动力，促使人们保持消费品之间的协调一致。“好马配好鞍”“豪车配豪宅”这种“狄德罗效应”在现实中也随处可见。大部分人在消费品质升级的过程中缺乏适宜适度的理念，只要收入提升，就会持续性地进行品质升级，也就不会考虑对环境的影响。伴随着收入的增长和全民消费竞赛的风气，维持文化一致性的力量促使居民的消费品质无限制提升，居民对品质升级的过度追求势必会造成大量的资源消耗，一味地喜新厌旧追求更高品质的商品加速了商品更新换代的频率，人为地使商品使用寿命变短，从而产生大量的废弃物。与此同时，消费者注重品质升级会连带着注重商品外观的美感和分量，品牌商为了迎合居民的需求，把大量的资源花费在华而不实的品牌包装上，从而导致过度包装，引起资源浪费、环境污染等问题。

结合以上分析综合思考认为，居民消费品质升级对绿色发展的影响方向具有不确定性。具体影响如图 3-11。

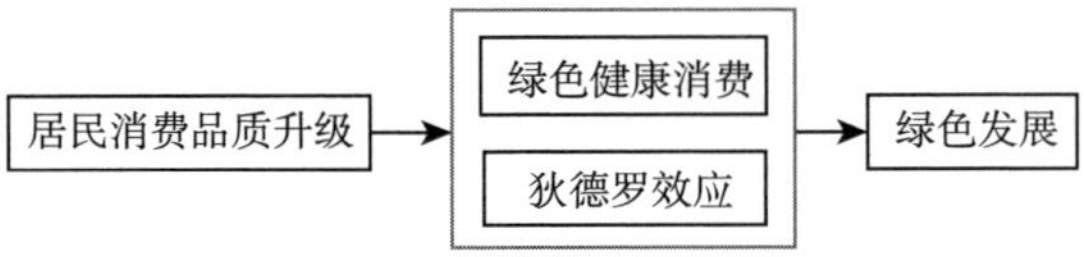

图 3-11　居民消费品质升级对绿色发展的影响

3.2.4 居民消费品质升级对开放发展的影响机理

3.2.4.1 居民消费品质升级对进口的影响

Linder 的重叠需求理论很好地解释了居民消费品质升级对进口的影响（Staffan B. Linder，1961）。如图 3-12 所示，A、B 为两个国家，假设 A 为发展中国家，B 为发达国家，X 轴代表人均收入水平，Y 轴表示消费者所需的各种商品的品质等级。人均收入水平越高，所需的商品就越高档，消费者购买的商品品质等级也就越高，二者的关系由图中的斜线表示。

假设在期初，国家 A 的收入水平为 C_{A0}，相应的产品质量空间为［Q_{A0}^{Low}，Q_{A0}^{High}］，国家 B 的收入水平为 C_B，相应的产品质量空间为［Q_B^{Low}，Q_B^{High}］。在此阶段中，A、B 国家间没有重叠需求的部分，A、B 两国间的贸易主要是因要素禀赋差异而进行的初级品贸易。随着 A 国的经济增长，居民收入水平由 C_{A0} 变为 C_{A1}，因此 A 国居民消费偏好和需求发生了改变，对应的产品质量空间为［Q_{A1}^{Low}，Q_{A1}^{High}］。此时，两国居民之间拥有的相同需求偏好的产品即是重叠需求，即［Q_B^{Low}，Q_{A1}^{High}］，这种重叠需求是两国开展贸易的基础。

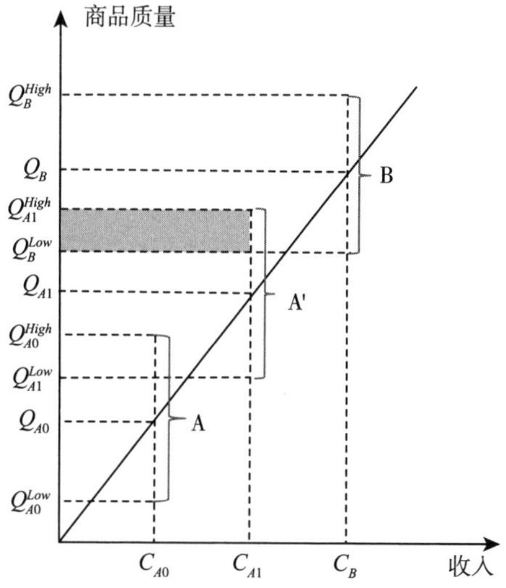

图 3-12　消费品质升级与重叠需求

A 国居民［Q_B^{Low}，Q_{A1}^{High}］这部分重叠需求因受到生产成本的约束而暂时无法由国内生产得到满足，如图 3-13，P_B 曲线为重叠需求部分产品生产的平均成本，发达国家 B 在生产技术上较为先进，能够以 P_{B0} 的单位成本生产 Y_B 的数量。可能 A 国也有生产该商品的企业，但是由于相关技术水平和产品质量与 B 国生产的产品有很大差距，A 国生产的产品无法满足居民的需求，因此只能依赖从 B 国进口来满足消费者的需求缺口，因此 A 国从 B 国进口的商品中高质量产品的进口比重会随着收入的增加而增长。不仅如此，随着时间推移，在示范效应和竞争机制的影响下，A 国技术提升，将生产重叠需求部分商品的平均成本曲线下降到 P_D，且 A 国企业生产出差异化的商品与 B 国产品竞争，重叠需求部分的产量也从 Y_{A0} 增长到 Y_{A1}。所以，居民消费品质升级不仅可以促进落后国家 A 国的进口，还可以助推 A 国企业对新产品的研发，提高国内产品质量，扩大国内企业市场占有率。从而形成了“居民消费品质升级→需求收入弹性高的商品需求增长→进口产品品质提升”的良性循环（黄曼如，2019）。

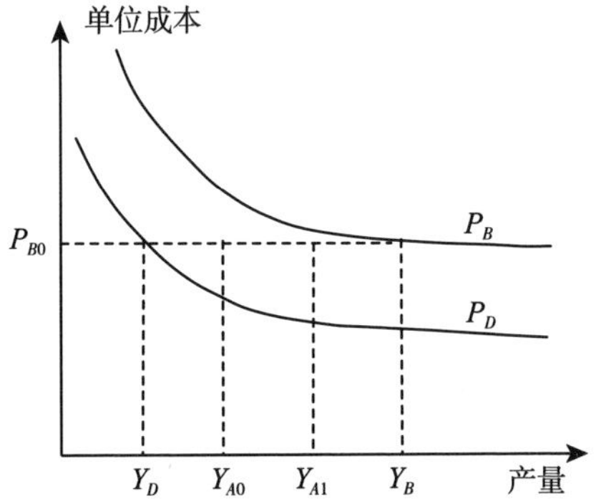

图 3－13　产品产量和单位生产成本

由重叠需求理论可以得出以下推论，随着我国居民消费品质升级，消费需求逐渐从低品质商品和服务转向高品质商品和服务，对产品的质量提出了更高要求，当国内生产的相关产品在数量与质量上暂时无法满足居民提高的消费需求时，市场缺口也只能暂时由发达国家供给来满足。Caron 等（2012）认为发达国家要比发展中国家生产更多富有收入弹性的高质量产品。因为非位似偏好的存在，消费者对高质量产品的需求偏好是富有弹性的，发达国家消费者对高质量产品旺盛的消费需求催生了更多优质产品进入市场，其生产的具有高附加值的创新产品因产品单位成本更低、品牌高端、供给产量更大，能够有效解决发展中国家因供给能力不足而无法满足的消费品质升级导致的需求缺口，因而发展中国家对国外高质量产品的进口量较大。

3.2.4.2　居民消费品质升级对出口的影响

迈克尔·波特的钻石模型指出，当一国居民对商品质量的要求较高时，就会给生产商更多的压力，这种压力迫使厂商持续改进商品品质、服务及性能等，有利于提高国际竞争力（Michael Poter，1990）。产品质量水平越高，就越需要更先进的技术，而要想拥有技术优势，企业就不得不追随居民消费需求的升级变化，加大必要的研发投入（肖扬，2018）。随着居民消费品质升级对产业端的催化，本国高端品牌有了崛起的契机，很多企业不再满足于生产低质低价的商品，更加注重产品的品牌和品质，促进了国内消费者对国货认可度的提升，甚至因追捧者众多出现了国潮现象。

居民消费品质升级不仅有利于本国企业开拓国内市场，对出口也大有帮助。国内消费品质升级扩大了高质量产品的市场空间，对本国企业在产品创新上形成了需求端的强劲动力，激励企业创新投入，新的、更高质量的商品逐渐研发出来。本国生产的高品质产品在海外也具有市场空间，Mayer 等（2014）的研究认为，在出口产品选择时，质量高的产品更易于进入出口市场，因为这些产品更能满足国外消费者质量需求，售出的价格也会更高，会为企业带来更多收入。国内高质量产品出口的增加将会提高整体出口产品的质量水平和平均价格，有利于增加国内企业利润。因此，国内居民消费品质升级催化出的一些高品质产品和中高端品牌，也会成功获得更多的海外市场份额，改变出口的产品质量结构，提升企业国际竞争力，有利于本国企业开拓更多的国外市场。

3.2.4.3 居民消费品质升级对国际投资的影响

从对外投资来说，随着收入的提高，居民的消费品质升级使其在减少对低品质商品消费规模的同时增加了对高品质商品的需求。新的、高质量产品需求规模的增加会促使厂商进行技术革新，为满足居民对高质量产品的需求而不断提高产品质量，同时获得创新后的垄断利润。因此，往往是对消费品质升级需求更强的市场诞生了更高质量的产品，催生了更加具有竞争力的企业。正如迈克尔·波特所说，庞大的国内需求有助于生产者的竞争力提升，居民对产品品牌和品质的更高追求刺激厂商不断创新产品（Michael Poter，1990），促进产业链高端化发展，帮助本国企业占据全球价值链上游，有利于本国企业开拓对外投资（出于减少成本、扩大利润及与当地企业更好地竞争等方面的考虑，跨国企业会更加倾向于选择在国外目的地市场投资建厂）。

当前，我国企业基于生产技术可能暂时无法满足本国居民消费品质升级的需求，为了自身更好地发展，可能会选择投资国外先进技术或企业，为国内生产储备关键技术。另外，居民消费品质升级意味着对高品质产品的认可，而"发达国家的产品比国内的产品要好"的这种刻板效应也一直存在于不少消费者的思维之中，因此发达国家的品牌在面对我国居民消费品质升级需求时往往更具有消费市场与竞争力，这也就刺激了我国一些企业产生在国外投资设厂、并购国外品牌的行为——例如部分国内葡萄酒企业并购海外高端葡萄酒庄，以及一些国内奶企为了优质奶源在海外收购优质牧场等。总之，国内居民消费品质升级同样也能促进对外投资。

对吸引外资而言，消费品质升级使居民产生了对更高品质产品的消费需求，但国内生产商在产品质量和相关技术水平上要落后于发达国家，因此在短时间内无法满足居民消费升级需求。而发达国家因技术和创新优势，其提供的高品质产品与服务可以满足国内消费者这部分需求，消费者也愿意为高估值的商品支付更高的价格，因此会吸引更多外资品牌来我国投资建厂，提供更符合目的地消费者偏好的高品质产品与服务——如特斯拉上海超级工厂、上海迪士尼乐园等。

综上分析，居民消费品质升级会直接或间接地影响国际贸易、国际投资的发展，从而影响我国的开放程度。具体影响见图 3-14。

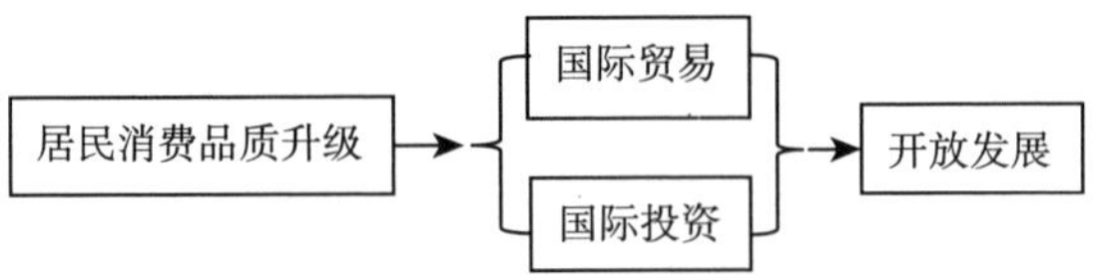

图 3-14　居民消费品质升级对开放发展的影响

3.2.5 居民消费品质升级对共享发展的影响机理

居民消费品质升级意味着更高品质的消费品给消费者带来的效用提

升，消费品质升级的过程中，人们需求由低端商品向高品质商品转移，其背后是优质商品和服务所带来的生活福利的改善。人们选择去追求更多高品质的产品及服务，提升个人效用并增进幸福感和获得感。

另外，伴随着居民消费品质升级，社会财富也得到了增值。随着人民群众对美好生活的向往，其消费需求逐渐从“有没有”向“好不好”转变，消费品质升级意味着更看重商品的品质提升、品牌化、定制化等，必然会促进高端消费市场的不断扩大，国内企业不得不努力跟上消费品质升级的步伐，努力迎合消费者，打造品牌，提升品质和层次，从而获得消费者认可，甚至走出国门成为国际性的大品牌。这不仅有利于提升企业盈利能力，还可以促进整个社会经济的质与量的增长。巨大的消费品质升级市场带来了企业的财富增值，有利于扩大税源增加税收，对保障和改善民生起到间接的促进作用。

从就业来看，消费品质升级也在转变着居民传统的消费理念，居民更加看重对品质、幸福、便捷等的需求，这也推进了商业经济模式的创新和转变，伴随着消费品质升级，消费新模式和新业态不断涌现，创造了很多新就业岗位，带来更多工作机会。尤其是数字平台等新业态的发展，创造了大量的新就业岗位，可以大量吸纳劳动者进入各经济平台就业。居民消费品质升级对共享发展的具体影响见图 3-15。

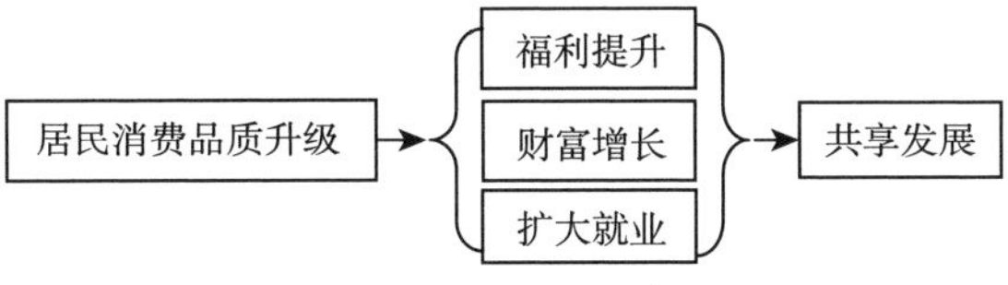

图 3-15　居民消费品质升级对共享发展的影响

3.2.6 居民消费品质升级对经济高质量发展影响机理

经济高质量发展包含了创新发展、协调发展、绿色发展、开放发展和共享发展这五个维度，综合来看，居民消费品质升级对经济高质量发展的影响方向与强弱取决于居民消费品质升级对五个分维度影响的大小与强弱。据此，通过以上五个维度的机理分析刻画出居民消费品质升级对经济高质量发展的综合性影响机理（图 3-16）。

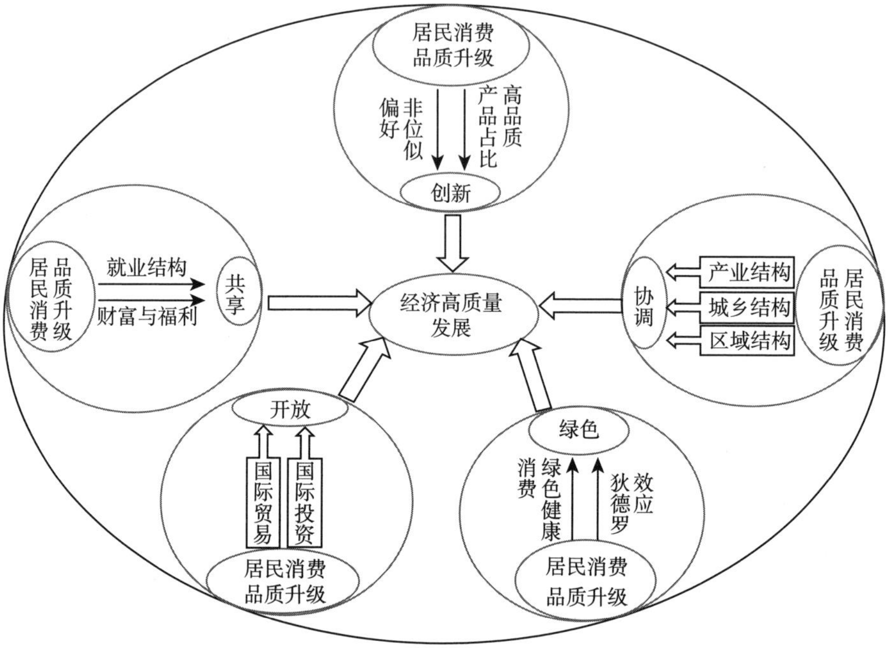

图 3-16　居民消费品质升级作用于经济高质量发展的内在机理

第 4 章 我国居民消费现状与分析

4.1 我国居民消费水平现状分析

4.1.1 我国消费基本情况分析

近几年来，以投资拉动为主要方式的提振内需的效果愈发不明显，经济面临着供给过剩、内需不足的双重难题。以往学术界研究解决此类难题的方法主要聚焦于供给侧改革和提振消费，特别是消费。现阶段国内消费的重要程度和国家对消费的重视程度是前所未有的，尤其是随着新零售等新消费模式的出现与发展，以及现代流通业的发展，消费对经济发展发挥着越来越重要的基础性作用。基于此，本小节具体分析了我国居民消费水平现状。通过表 4-1 和图 4-1 可以看出，近 20 年来，我国最终消费额一直领先于资本形成额和净出口额，这决定了最终消费率也一直领先于资本形成率和净出口率，说明我国的消费是拉动经济增长的第一动力，对经济增长有着重要作用。尤其是从 2010 年开始，我国最终消费率持续走高，与此相反的是，资本形成率从这一时间开始呈逐渐降低的趋势，这一定程度上说明了随着经济的发展，供给侧出现了产能过剩现象，投资对经济增长的拉动作用愈发不明显，消费对经济的促进作用在逐渐增强。而从图 4-1 中还可以看出，在最终消费中，政府消费率一直处于相对稳定的状态，波动率较小，而居民消费率则从 2010 年开始逐渐上升，一定程度上说明了居民消费在经济增长与发展过程中起到了更加重要的作用，是我国经济持续增长的重要动力。

表 4-1　2000—2019 年我国消费、资本形成及出口情况（亿元）

年份	居民消费支出	城市居民消费支出	农村居民消费支出	政府消费支出	最终消费	资本形成总额	货物和服务净出口
2000	46 863	31 251	15 612	16 886	63 749	33 667	2 383
2001	50 465	34 167	16 297	18 196	68 661	39 403	2 325
2002	54 667	37 650	17 017	19 561	74 227	44 005	3 094
2003	58 690	40 915	17 775	21 045	79 735	54 447	2 965
2004	65 725	46 492	19 233	23 670	89 394	67 726	4 236
2005	74 154	53 242	20 912	27 719	101 873	75 576	10 209
2006	82 842	60 203	22 640	32 522	115 364	87 579	16 655
2007	98 231	72 643	25 589	39 506	137 737	109 339	23 423
2008	112 655	84 414	28 241	46 245	158 899	134 942	24 227
2009	123 122	93 198	29 924	51 417	174 539	158 075	15 037
2010	141 465	108 938	32 527	60 116	201 581	191 867	15 057
2011	170 391	131 555	38 836	74 357	244 747	227 673	11 688
2012	190 585	148 273	42 312	84 859	275 444	248 960	14 636
2013	212 477	165 890	46 588	94 186	306 664	275 129	14 552
2014	236 238	184 739	51 500	101 793	338 031	294 906	13 611
2015	260 202	203 780	56 423	111 718	371 921	297 827	22 346
2016	288 668	226 960	61 708	122 138	410 806	318 198	16 976
2017	320 690	252 083	68 606	135 829	456 518	357 886	14 578
2018	354 124	277 365	76 759	152 011	506 135	402 585	7 054
2019	387 188	305 131	82 057	165 444	552 632	426 679	11 398

4.1.2 城乡居民消费水平差异分析

将居民消费划分为城市居民消费和农村居民消费进一步加以分析。如图 4-2 所示，从城乡居民消费总量来看，在 2000—2019 年这一研究区间内，无论是城市居民还是农村居民的消费水平均呈现大幅上升的趋势，但

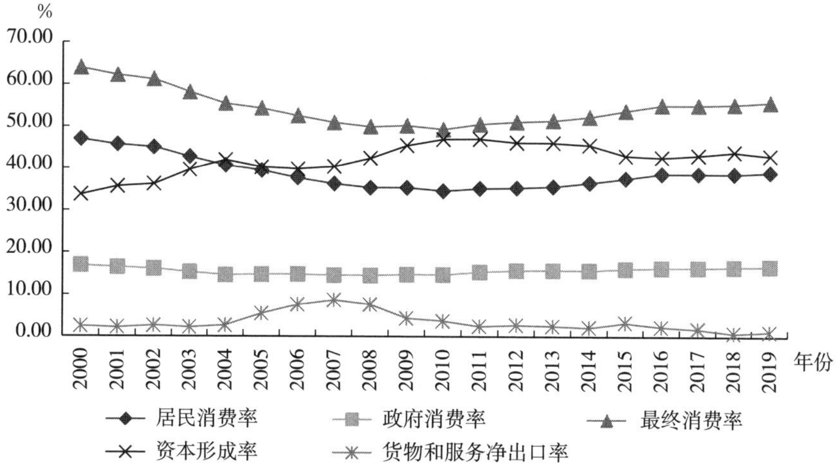

图 4-1　居民消费率示意图

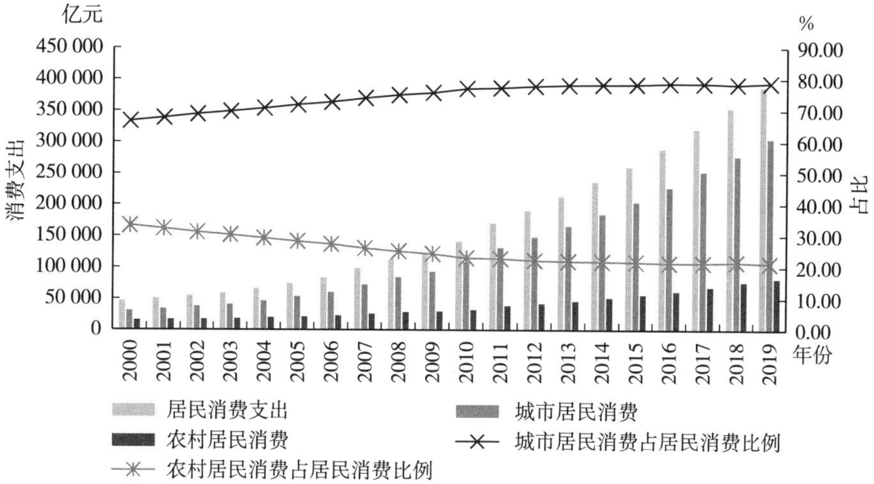

图 4-2　我国城市及农村居民消费水平

城市居民的消费水平和增长速度均高于农村居民，城市居民消费占总消费的比重要远远大于农村居民消费所占比重。一方面是因为城市居民拥有更高的人均收入，从而导致城市居民的人均消费水平要远远大于农村居民的人均消费水平，同时期的城市居民在消费上的花费要远远大于农村居民；另一方面是因为随着我国城镇化的持续推进，大量农村人口转移到城市成为新市民，城市的人口数量大于农村人口数量，且城市人口与农村人口的数量差距随着城镇化的继续推进越来越大，从而导致了城市居民消费占总消费的比重越来越高，农村居民消费占总消费的比重逐渐降低。

从居民人均消费量来看（图 4-3），从 2000 年到 2019 年，我国城乡居民人均消费水平均有很大提高，其中农村居民人均消费水平从 2000 年的 1 670.13 元增长到 2019 年的 13 327.7 元，增长了 6.98 倍，而城市居民的人均消费水平从 2000 年的 4 998 元提高到了 2019 年的 28 063.4 元，增长了 4.62 倍。这也从侧面说明了我国城乡居民收入水平以及生活条件的大幅改善。

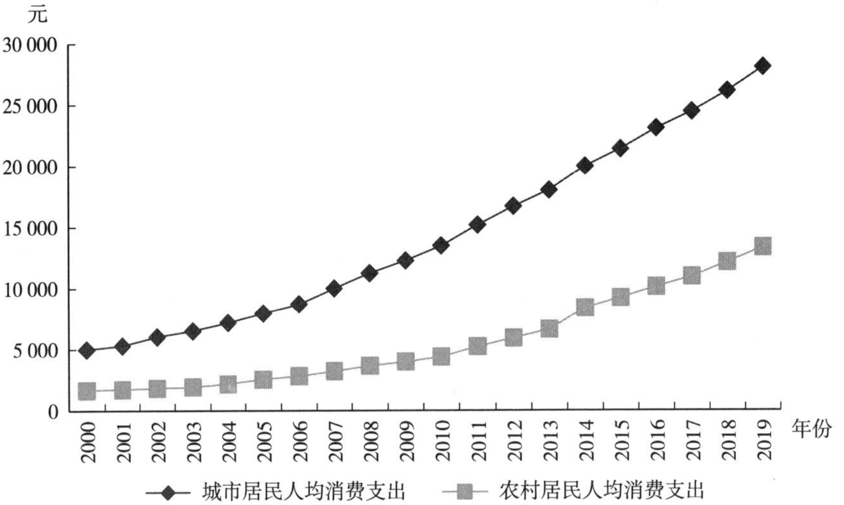

图 4-3　我国城市及农村居民人均消费水平

图 4-4 是我国城乡居民人均消费水平比值示意图，由图中曲线走势不难看出，虽然由于我国居民消费人均水平表现出典型的城乡二元结构，城市居民人均消费水平比农村居民的人均消费水平高很多，但是大约从 2003 年以后，由于农村居民人均消费水平的提升速率开始高于城市居民，城市和农村居民的人均消费水平之间的差距逐渐缩小。这主要是得益于新农村建设和乡村振兴战略的实施，以及城乡公共服务一体化的推进，农村居民收入水平得到了长足的提升，为其平均消费水平的提升打下了坚实基础。城乡居民人均消费比从 2003 年的 3.21 倍逐渐缩小到 2019 年的 2.11

倍，我国一直以来城乡居民消费差距过大的问题逐渐趋缓，也从侧面说明这些年来城乡不协调的状况有所缓解。

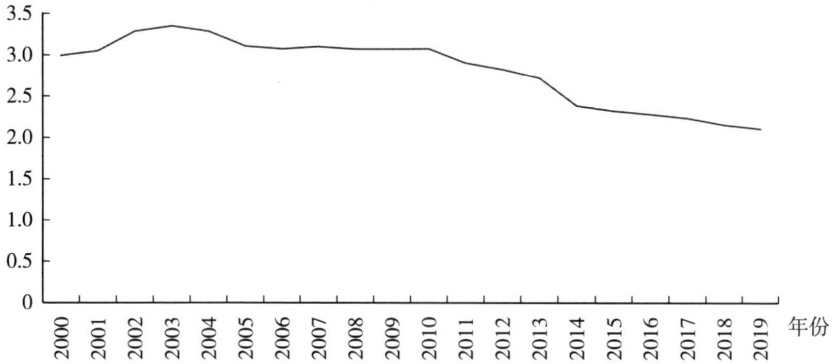

图 4－4　我国城市及农村居民人均消费水平比值

4.2 我国居民消费结构现状分析

4.2.1 我国居民消费结构现状

根据马斯洛的需求层次理论，居民消费呈现出由基本生理需求转变到高层次精神需求的总体性规律。居民在收入较低时，一般会优先满足基本的生理需求，如吃饭、穿衣等，随着基本需求得到满足，居民需求将会向着更高的层次发展，如对安全的追求、对发展和享受的追求等。这一现象表现在数据上就是随着收入增长而发生转变，居民消费结构中一些低级需求的消费占比会逐渐降低，更高层级需求的消费占比会逐渐增加。

学界对居民消费结构的考察与分析大多是根据国家统计局按居民消费功能划分的消费品结构来进行的。根据国家统计局的分类标准，居民消费支出可分为食品烟酒、衣着、居住、生活用品及服务、交通通信、文教娱乐、医疗保健和其他支出总共八大类别。本书按照城乡居民八大类消费品的支出比例结构进行整理，作为反映居民消费结构变化规律的数据依据。2000—2019 年的城乡居民消费结构变化结果见表 4－2 和表 4－3。其中，

表 4-2 是城市居民人均八大类消费支出占总人均消费支出的比值情况，由表可知，我国城市居民消费结构这 20 年间发生了很大的变化，典型特征是代表着低层次消费需求的食品烟酒和衣着等的人均消费占总人均消费的比值总体呈下降趋势，尤其是经常被用来衡量恩格尔系数的食品烟酒占比呈现很明显的下降趋势。与此同时，代表更高层次消费的交通通信、医疗保健等的占比总体呈增长趋势。这些数据的变化说明了我国城市居民目前更加偏重消费更高层次的消费品类，消费结构得到了明显的优化，城市居民消费结构由重视生存型消费转向重视享受和发展型消费。

表 4-2　城市居民人均八大类消费支出占比（%）

年份	食品烟酒	衣着	居住	生活用品及服务	交通通信	教育文化娱乐	医疗保健	其他用品及服务
2000	39.18	10.01	10.01	8.79	7.90	12.56	6.36	5.17
2001	37.94	10.05	10.32	8.27	8.61	13.00	6.47	5.35
2002	37.68	9.80	10.35	6.45	10.38	14.96	7.13	3.25
2003	37.12	9.79	10.74	6.30	11.08	14.35	7.31	3.30
2004	37.73	9.56	10.21	5.67	11.75	14.38	7.35	3.34
2005	36.69	10.08	10.18	5.62	12.55	13.82	7.56	3.50
2006	35.78	10.37	10.40	5.73	13.19	13.83	7.14	3.56
2007	36.29	10.42	9.83	6.02	13.58	13.29	6.99	3.58
2008	37.89	10.37	10.19	6.15	12.60	12.08	6.99	3.72
2009	36.52	10.47	10.02	6.42	13.72	12.01	6.98	3.87
2010	35.67	10.72	9.89	6.74	14.73	12.08	6.47	3.71
2011	36.32	11.05	9.27	6.75	14.18	12.21	6.39	3.83
2012	36.23	10.94	8.90	6.69	14.73	12.20	6.38	3.94
2013	35.02	10.55	9.68	6.74	15.19	12.73	6.20	3.88
2014	30.05	8.15	22.48	6.18	13.21	10.73	6.54	2.67
2015	29.73	7.95	22.09	6.11	13.53	11.14	6.75	2.70
2016	29.30	7.54	22.16	6.18	13.75	11.43	7.07	2.58
2017	28.64	7.19	22.76	6.24	13.59	11.65	7.27	2.67
2018	27.72	6.92	23.95	6.24	13.30	11.39	7.83	2.63
2019	27.55	6.53	24.16	6.02	13.08	11.86	8.13	2.66

表4-3是我国农村居民人均八大类消费支出占总人均消费支出的比值情况。由表4-3的结果可知，农村居民食品烟酒的人均消费支出占总人均消费支出的比值与城市居民食品烟酒的人均消费支出占总人均消费支出的比值趋势类似，总体上呈现下降趋势，在2000—2019的研究区间内，农村居民食品烟酒的人均消费支出占总人均消费支出的比值由期初的49.13%下降到期末的30%，下降幅度明显。但与城市居民不同的是，这一阶段农村居民的恩格尔系数的值更大，说明农村居民把更多的钱用在了基础性的低层次消费上了。从交通通信、医疗保健等代表更高层次的人均消费占总人均消费的比重来看，农村居民同城市居民一样，随着收入的提升，也更加愿意在发展型和享受型的消费品上花费更多的钱财。随着经济的发展和收入水平的提高，不仅农村居民的消费水平得到了提升，消费的结构同样得到了优化发展。

表4-3 农村居民人均八大类消费支出占比（%）

年份	食品烟酒	衣着	居住	生活用品及服务	交通通信	教育文化娱乐	医疗保健	其他用品及服务
2000	49.13	5.75	15.47	4.52	5.58	11.18	5.24	3.14
2001	47.71	5.67	16.03	4.42	6.32	11.06	5.55	3.24
2002	46.25	5.72	16.36	4.38	7.01	11.47	5.67	3.14
2003	45.59	5.67	15.87	4.20	8.36	12.13	5.96	2.21
2004	47.23	5.50	14.84	4.08	8.82	11.33	5.98	2.21
2005	45.48	5.81	14.49	4.36	9.59	11.56	6.58	2.13
2006	43.02	5.94	16.58	4.47	10.21	10.79	6.77	2.23
2007	43.08	6.00	17.80	4.63	10.19	9.48	6.52	2.30
2008	43.67	5.79	18.54	4.75	9.84	8.59	6.72	2.09
2009	40.97	5.82	20.16	5.13	10.09	8.53	7.20	2.11
2010	41.09	6.03	19.06	5.34	10.52	8.37	7.44	2.15
2011	40.36	6.54	18.41	5.92	10.48	7.59	8.37	2.34
2012	39.33	6.71	18.39	5.78	11.05	7.54	8.70	2.50
2013	37.66	6.62	18.62	5.84	12.01	7.33	9.27	2.64
2014	33.57	6.09	21.03	6.04	12.08	10.25	8.99	1.94

（续）

年份	食品烟酒	衣着	居住	生活用品及服务	交通通信	教育文化娱乐	医疗保健	其他用品及服务
2015	33.05	5.97	20.89	5.92	12.61	10.51	9.17	1.89
2016	32.24	5.68	21.20	5.88	13.43	10.57	9.17	1.84
2017	31.18	5.58	21.48	5.79	13.78	10.69	9.66	1.83
2018	30.07	5.34	21.94	5.94	13.94	10.74	10.23	1.80
2019	30.00	5.35	21.54	5.73	13.78	11.12	10.66	1.81

4.2.2 我国居民消费结构升级特征事实

近几年由于我国经济增速放缓的现实以及突发新冠疫情的冲击，我国消费是否处于消费升级过程抑或是面临着消费降级成了社会讨论的热点问题。2021 年 12 月 15 日，在国务院新闻办举行的新闻发布会上，面对媒体提问："近两年来，受新冠疫情影响，消费降级逐渐成为经济热词。从消费数据来看，消费降级存在吗?"国家统计局新闻发言人付凌晖表示：这两年因为新冠疫情的反复，消费形势受到了一定程度的影响，但总的来看消费升级的态势依然在持续，没有看到消费降级的变化。这也说明我国的消费统计数据是支持居民处于消费升级过程这一事实的。

关于我国目前是否处于消费升级过程的问题，学术界也进行了大量的研究，其中绝大多数都认为我国目前处于消费升级过程。如孙豪等（2020）在《消费降级：假象及其警示》中分析了当前现实条件下居民消费演进的多重情形，研究结果表明当前我国居民消费升级总体趋势是持续进行的，现阶段社会上所流行的消费降级说法其实是一种假象；石明明等（2018）在《消费升级还是消费降级》中明确指出我国目前正处于新一轮"消费升级"过程之中，并且该学者认为消费升级是中国经济社会高质量发展的重要支撑；丁守海（2018）在《中国消费降级了吗?》中表示，虽然最近社会消费品零售总额增速呈下降趋势，但只要我国的经济结构未发生重大改变，消费仍会平稳增长并升级，他认为目前我国消费仍在量质同升，消费潜力也不容忽视。

通过在知网上进行学术检索与分析，不难发现，有关我国居民消费升级与否的讨论，绝大部分的研究认为我国居民目前处于持续不断的消费升级过程中，且对消费升级的研究热度近些年也在不断增强。本小节及下一小节在前人研究的基础上通过数据描述和现实分析相结合，直观分析目前我国居民消费结构和居民消费品质处于升级状态以及升级变化规律。

4.2.2.1 恩格尔系数呈现下降趋势

一般而言，恩格尔系数表现了居民食品消费支出占总消费比重会随着收入的增长而下降的规律，所以它可以被用来衡量居民消费结构的优劣，在文献中常常被学者选择用来作为消费结构升级的指标。恩格尔系数可以表达居民的生活状况，如果恩格尔系数较大，说明居民生活中用于食品的支出过高，生活条件较差，也从侧面说明了居民消费结构升级不明显。相反，如果恩格尔系数较小，说明在总支出中食品消费所占份额较少，表明居民生活较富裕。恩格尔系数由大变小说明需求层次发生了优化，对服务型等消费的支出逐渐提升，居民消费结构升级明显。目前，国际社会认为发达国家的恩格尔系数在20%～30%之间。2017—2019年连续三年我国恩格尔系数低于30%，虽然因为新冠疫情对经济及消费者心理预期造成的冲击等原因，2020—2021年我国的恩格尔系数有所上升，但总体上与发达国家差距是逐渐缩小的。虽然我国目前仍然是发展中国家，但恩格尔系数降低到30%附近也说明了我国人民的生活水平得到了很大的提高。

表4-4前2列表示的是2000—2019年全国城乡居民恩格尔系数的变化水平，在这一区间内，无论是城市居民还是农村居民，其恩格尔系数总体呈现出下降的趋势，由此可以说明我国居民消费结构在不断提升，经过近20年的发展，居民消费结构得到了很大的优化，城乡居民消费结构正在逐步升级。不过，从城乡差异来看，城乡之间的恩格尔系数差别依然较大，说明我国居民消费结构升级存在着明显的城乡二元差异，城乡之间的居民消费结构升级不同步。

4.2.2.2 高层次消费占比提升

除了用恩格尔系数衡量消费结构升级外，常见的还有根据高层次消费占比变动来衡量消费升级。一般而言，消费结构水平的升级本质上是低层次商品转化成高层次商品的过程，若能在消费结构水平中突出高层次商品的比重，便能很好的量化消费升级。一些学者如陈建宝等（2013）、姜淼等（2013）根据恩格斯的消费理论，按不同的需求层次将消费分为生存、发展和享受型三个层次，可以依据这种划分来界定居民消费结构是否有升级趋势。在研究中，一些学者用发展型消费和（或）享受型消费占总消费比重来衡量消费升级水平，还有一些学者利用AIDS模型、QUAIDS模型或ELES模型等测度各类消费品的需求收入弹性，并把富有弹性的消费品类归为高层次消费品，用这些需求收入弹性较大的消费品类的人均消费量占人均消费总量之比来衡量消费结构升级。以往学者的研究表明，“交通通信”、“文教娱乐”和“医疗保健”三类消费富于弹性（黄隽和李冀恺，2018；王虎邦等，2019），说明这三类消费量会随着收入水平的提高而提高，在居民消费总支出中的份额将会越来越大，能够反映居民消费结构升级趋势，属于高层次消费品。故借鉴前人的研究成果（黄赜琳和秦淑悦，2021；黄隽和李冀恺，2018；王虎邦等，2019），采用城乡居民“交通通信”、“文教娱乐”和“医疗保健”作为高层次消费，并用高层次消费支出占人均消费总支出的比重来表征城乡居民消费结构升级的第二种方式。具体结果见表4-4中间两列。由结果可知，2000—2019年这20年间，无论是城市居民还是农村居民的高层次人均消费占人均总消费的比重总体上都表现出越来越高的趋势，这进一步说明了我国城乡居民的消费目前均处在消费结构升级的发展态势之中。

4.2.2.3 加权消费结构升级率提升

一些学者认为只根据某一类消费品在总消费支出中的占比变化来衡量消费结构升级是不全面的，他们认为消费结构升级应该是不同层次消费品类的消费量变化的综合性结果。因此，本书接下来借鉴这部分学者的研究方法（王平和王琴梅，2018；陈冲和吴炜聪，2019；产健和许正中，2020）

来构建居民消费结构升级率指数。首先，将居民的消费分为初级消费、中级消费和高级消费三个层次，并分别选择食品消费、居住消费、交通与通信消费作为各层级消费的代表；其次，把初级消费权重赋值为1，中级消费权重赋值为2，高级消费权重赋值为3；最后，将初级消费占总消费比重、中级消费占总消费比重和高级消费占总消费比重分别乘以各项的权重系数后再进行加总求和，便得到了居民消费结构升级率的结果，具体公式如下：

$$Upgrade = junior/total + intermediate/total \times 2 + Senior/total \times 3 \quad (4-1)$$

其中，*junior*、*intermediate* 和 *Senior* 分别代表初级消费、中级消费和高级消费，*Upgrade* 表示加权消费结构升级率，所计算的数值越大，说明消费结构升级趋势越显著。本书依据城乡居民划分分别计算了我国城乡居民消费结构升级率，具体结果见表4-4。由表4-4中的最后两列可知，我国城乡居民加权消费结构升级率整体表现出波动上升的趋势，该数据同样证明了这段时间内，我国城乡居民消费结构升级变化非常明显。

表4-4　三种消费结构升级衡量方式结果（%）

年份	城市恩格尔系数	农村恩格尔系数	城市高层次消费占比	农村高层次消费占比	加权城市消费结构升级率	加权农村消费结构升级率
2000	39.40	49.10	26.83	22.00	82.92	96.79
2001	38.20	47.70	28.07	22.93	84.40	98.72
2002	37.70	46.20	32.48	24.14	89.53	100.00
2003	37.10	45.60	32.74	26.45	91.83	102.42
2004	37.70	47.20	33.48	26.13	93.39	103.37
2005	36.70	45.50	33.93	27.73	94.70	103.21
2006	35.80	43.00	34.16	27.76	96.15	106.79
2007	36.30	43.10	33.87	26.19	96.67	109.24
2008	37.90	43.70	31.68	25.15	96.08	110.28
2009	36.50	41.00	32.71	25.82	97.71	111.55

（续）

年份	城市恩格尔系数	农村恩格尔系数	城市高层次消费占比	农村高层次消费占比	加权城市消费结构升级率	加权农村消费结构升级率
2010	35.70	41.10	33.28	26.33	99.62	110.78
2011	36.30	40.40	32.78	26.43	97.39	108.62
2012	36.20	39.30	33.30	27.29	98.21	109.26
2013	35.00	37.70	34.12	28.62	99.95	110.95
2014	30.10	33.60	30.47	31.33	114.64	111.87
2015	29.70	33.10	31.42	32.29	114.52	112.65
2016	29.30	32.20	32.25	33.16	114.87	114.91
2017	28.60	31.20	32.50	34.13	114.93	115.48
2018	27.70	30.10	32.53	34.90	115.54	115.77
2019	27.60	30.00	33.08	35.56	115.12	114.43

4.3 我国居民消费品质发展与现状分析

4.3.1 改革开放前我国居民消费品质状况分析

改革开放以前，我国居民大都不富裕，且限于生产力落后，社会上能够购买到的物质较为匮乏，有限的消费力使居民只能遵循节俭的消费理念，对商品的追求主要是看商品的价格是否便宜，大多消费内容都是为了满足生存所需，对品质并不那么看重。从食品消费上来看，表 4－5 是一项对我国城市居民 20 世纪 80 年代以前食物消费考虑因素的调查，结果显示，被调查者中选择“吃饱就行”的比例高达 75.1%，而被调查者中对“山珍海味”选项的选择仅占 0.3%，选择讲究营养的被调查者也仅仅占了 10.4%。这充分说明了改革开放前城市居民对食品消费品质的不重视，食品消费主要功能是果腹，收入水平较高的城市居民尚且如此，更遑论收入水平较低的农村居民的食品消费状况了。

表 4-5　20 世纪 80 年代之前我国城市居民食物消费考虑因素

考虑因素	样本数量（个）	百分比（%）	类型百分比（%）	累计百分比（%）
吃饱就行	238	38.0	75.1	75.1
讲究营养	33	5.3	10.4	85.5
方便省事	44	7.0	13.9	99.4
山珍海味	1	0.2	0.3	99.7
其他	1	0.2	0.3	100
合计	317	50.6	100	
缺失值	309	49.4		
累计	625	100		

资料来源：郑红娥．社会转型与消费革命［M］．北京：北京大学出版社，2006.

另外，这一时期，我国居民的衣着消费水平也停滞不前。从表 4-6 可以看出，在被调查者对衣着消费的考虑因素中选择最多的两项分别是“穿暖就行”与“实用”，分别为 33.2%和 29.2%，这说明大部分居民在当时的生活条件下对穿衣的追求并不高，总体上依然停留在“实用”“取暖”等功能性层面，消费品质升级无从谈起。选择“款式新颖”“名牌时髦”“面料质地”的被调查者分别仅有 3.2%、0.6%和 1.3%，说明当时居民对衣着的品质和潮流与否并不那么看重，俗语“新三年，旧三年，缝缝补补又三年”也是对当时我国居民衣着消费不注重品质的生动描写。而在居住消费方面，当时无论是城市还是农村的居民人均住宅面积都十分狭小，根据统计年鉴数据显示，截至 1978 年，城市居民人均居住面积仅为 4.2 平方米，农村居民人均居住面积也仅为 8.1 平方米，而且居住条件不佳，房屋基本功能欠缺，许多城市居民只能用公共厕所，用不上自来水，也没有浴室和厨房，无论是居住环境还是居住品质都较为落后。

表 4-6　20 世纪 80 年代之前我国城市居民衣着消费考虑因素

考虑因素	样本数量（个）	百分比（%）	类型百分比（%）	累计百分比（%）
穿暖就行	103	16.5	33.2	33.2

（续）

考虑因素	样本数量（个）	百分比（%）	类型百分比（%）	累计百分比（%）
实用	92	14.7	29.2	62.9
方便舒适	57	9.1	18.4	81.3
体现个性	10	1.6	3.2	84.5
款式新颖	10	1.6	3.2	87.7
名牌时髦	2	0.3	0.6	88.4
面料质地	4	0.6	1.3	89.7
价格合适	29	4.6	9.4	99.0
做工讲究	3	0.5	1.0	100
合计	310	49.5	100	
缺失值	316	50.5		
累计	626			

资料来源：郑红娥．社会转型与消费革命［M］．北京：北京大学出版社，2006.

4.3.2 现阶段我国居民消费品质状况分析

改革开放后我国经济发展迅速，居民收入大幅度提升，消费者对消费品质越发重视，加之西方消费主义逐渐渗透到我国居民消费理念中，传统文化所倡导的合理节制欲望的消费观念逐渐消弭，取而代之的是居民消费由满足合宜需求向着追求个性、品质等需求转变。

根据麦肯锡对我国消费者2016年全年消费调研的结果发现，我国消费者总体上正在经历着品质消费升级，消费正在从大众产品向高端消费品升级，如图4-5所示，人们的消费方式逐渐向追求更好的消费品质转变，以此来提升消费体验，增强消费者的消费效用。

据2021年中国青年报社社会调查中心对1 500多名消费者进行的一项调查结果显示，有89.3%的受访者表示近几年自己的消费观发生了改变，其中最大变化就是“买好的、更看重消费品质”。根据《阿里品质消费指数报告》显示，2016年，阿里零售平台中高端消费总额已经达到了1.2万亿元，相当于我国消费者2015年全年境外消费的总额，品质消费

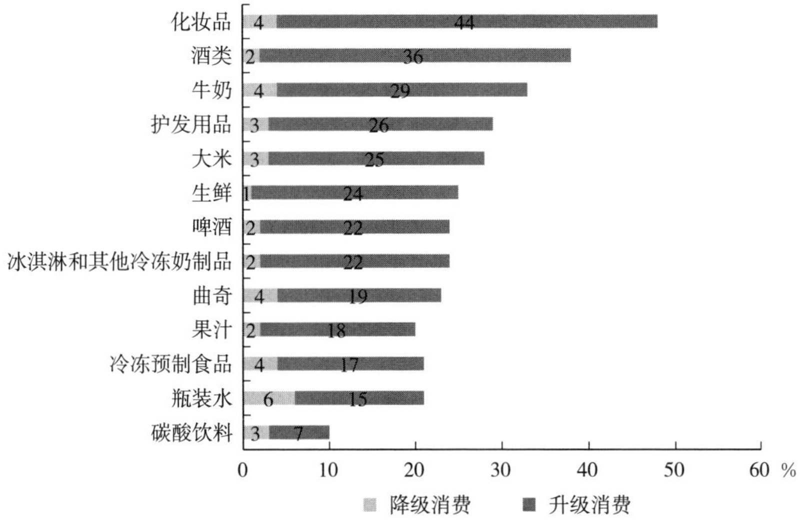

图 4-5　从大众化产品向品质化产品升级

资料来源：《麦肯锡 2016 年中国消费者调查报告》。

指数 5 年时间上升了 7.2%。这无疑是一个值得注意的信号：人们不再重视低品质消费，而是更加注重消费品质量，我国消费出现新变局，正面临着从“有”向“优”的升级。

另外，居民消费品质提升的一大表现是居民对绿色健康消费品的消费偏好增强。阿里研究院发布的《2016 年度中国绿色消费者报告》在统计了阿里巴巴零售平台的 4 亿消费者、10 亿商品和数万标签之后发现，符合绿色消费者特征的在线消费者占了 16%，达到 6 500 万人，4 年时间里增长了 14 倍。京东大数据研究院发布的《2019 绿色消费趋势发展报告》显示，在京东平台上，“绿色消费”商品的种类已经超过了 1 亿种，销量的增长速度更是比京东全站高了 18%，且“绿色消费”商品不断由一、二线城市向下渗透。

以上数据充分说明了这些年我国居民的消费品质正在慢慢提升，居民更加追求消费品质的行为也意味着我国居民消费整体已经跨过数量满足阶段，进入了消费质量提升的新阶段，品质消费逐渐成为居民追求美好生活的基本要求，富裕起来的居民不再满足于消费得更多，而是更加强调“更优、更好”的消费体验。与此同时，限于预算约束，居民为追求更高品质的商品会主动放弃部分低质低价商品，从而提高了高品质商品的市场占比。互联网、大数据、物联网、云服务和人工智能的发展也为居民消费品质升级提供了更好的消费环境，舒适、便捷的购物方式使居民消费表现出更多的高品质、个性化、多样性的消费特征，人们对美容、旅游等彰显自身品位的消费格外重视，酒店度假、购买高档品牌产品等也逐渐成了更多人追求品质的方式，这些都体现了我国居民消费品质正处于一种升级状态之中。

随着我国经济发展转向新常态，经济增长速度由高速增长转向了中高速增长，加之新冠疫情的突然来袭对居民收入预期及心理造成冲击，以往消费者的一些不合理的消费理念也逐渐有了新的转向，具体表现为对品质消费的追求变得更加理性。一些人开始对过去消费观念进行反思，更加注重实用性的绿色健康消费，冲动消费、超前消费的行为有所减少，居民更加注重安全无害与绿色健康的商品和服务，消费时更加偏向于选择实用的品质消费品等，对绿色、健康消费品的需求明显增加，绿色、优质、有机的农产品逐渐成为更多城乡居民的饮食追求。家居家装消费也越来越重视绿色健康，“无醛”“环保”“节能”越来越成为消费者家居消费的重点考虑因素。这些都彰显了消费者在品质消费过程中的一种观念转变，将对经济发展质量产生积极作用。

由于我国目前还存在大量低收入人口，随着这部分居民收入水平的逐步提高以及中产阶级人数的继续扩大，我国消费品质升级还有很大的提升空间。

4.4 本章小结

本章分别考察了我国消费水平的发展与现状、居民消费结构的发展与现状、我国居民消费结构升级的现实特征及居民消费品质提升的发展与现状特征。

（1）从居民消费支出来看，无论是城市居民消费支出还是农村居民消费支出，其数值均呈逐年增长的趋势，说明我国居民变得富裕起来，消费能力逐渐增强，居民消费支出逐渐扩大。由于城市化的发展，城市居民消费支出占居民消费总支出的份额越来越大，农村居民消费支出占居民消费总支出比重呈逐渐缩小的趋势。从消费率来看，我国居民消费占 GDP 比重逐步提高，消费对经济发展的基础性作用逐步增强。从人均消费支出来看，无论是城市居民人均消费支出还是农村居民人均消费支出，在研究期间均呈现出大幅度上升的趋势，而且随着城乡融合的推进，城市居民人均消费支出与农村居民人均消费支出之间的差异正在逐渐缩小。

（2）从消费结构来看，城乡居民在食品烟酒、衣着、生活产品及服务方面的消费总额占比呈下降趋势，与此相反，交通通讯、医疗保健、教育文化娱乐支出占总支出的比重总体呈稳步增长的趋势。无论是城市居民还是农村居民，其消费结构在 20 年间均发生了明显的变化，城乡居民的消费结构得到了明显的优化。

通过对居民消费结构升级特征进行考察发现，城乡居民的食品烟酒人均消费支出在逐渐下降，印证了恩格尔定律。高层次人均消费占总消费比值结果显示，城乡高层次消费的人均消费量占人均总消费的比重呈逐年增长的趋势，说明随着收入的提高，我国城乡居民消费结构确实得到了明显的优化发展。城乡居民加权消费结构升级率的结果也进一步印证了我国居民目前正处于消费升级状态，且居民消费结构升级的程度越来越明显。

（3）通过对居民消费品质发展与现状进行分析发现，近年来，随着经济发展，我国居民消费品质升级明显，尤其是新冠疫情以来，随着对个人卫生关注所引致的健康意识以及对大自然敬畏所引致的环保意识日渐深入人心，我国居民在消费时更加注重对品质与健康的追求，居民消费品质升级明显，对消费品的性价比和绿色健康生活方式的追求正逐渐变为新的社会风尚。

第5章 经济高质量发展水平的测度与评价

本章通过构建经济高质量发展评价指标体系，选择合适的测度方法对全国整体、各省市、东中西部地区及南北方地区的经济高质量发展指数和五个分维度指数进行了科学的测量，并在此基础上深入分析经济高质量发展的时空变化趋势及区域异质性特征，为实证分析奠定基础。

5.1 经济高质量发展水平的指标体系构建

根据前文对文献的梳理分析可知，经济高质量发展的内涵至少可以从新发展理念的五个维度去考察分析。因此，基于新发展理念五个维度并充分借鉴现有研究成果，本书在选取经济高质量发展水平指标时的依据如下：

第一，经济高质量发展离不开创新的驱动与效率的提升。我国经济发展的动能向创新和效率转变是实现经济高质量发展的重要因素。在向经济高质量发展转变的阶段，创新能力对我国经济发展质量提升的作用更加突出，可以这样说，没有创新的推动，我国就无法实现真正的经济高质量发展，今后经济必须走向经济效率提高的道路（麻智辉，2018）。

第二，经济高质量发展体现了经济的协调发展。首先，产业结构不合理、不协调会制约经济发展质量，我国经济的高质量发展离不开产业结构转型升级与优化协调；其次，城乡不协调不利于共同富裕的实现，不利于高质量发展目标的实现，因而城乡间的协调性是我国经济高质量发展需要考虑的重要一环；最后，区域间的协调度是高质量发展的重要标准，区域差异过大不利于社会团结稳定与共同富裕，增强落后地区的自我发展能力、缩小区域间的发展差距是经济高质量发展的重要体现之一。

第三，经济高质量发展需要重视绿色环保。没有一个良好的生态环境，经济高质量发展就无从谈起。今后的发展需要通过节能减排向绿色发展转型（林兆木，2018），只有实现了绿色发展才有可能实现经济的高质量发展。我国过去那些过度的经济活动严重破坏了生态系统，对环境造成的破坏不仅影响了人们的生活质量，也成为很多地方经济高质量发展的明显短板。所以，在今后的经济发展过程中必须考虑资源基础与环境承载力，通过绿色技术降低能源消耗与环境污染，减少经济对环境的负面影响，走可持续发展之路。

第四，经济高质量发展注重开放水平提升。开放是经济高质量发展的必由之路，改革开放的成功经验表明，没有开放，就没有中国经济的腾飞。经济高质量发展要重视内外市场资源联动的问题，虽然我国拥有市场、资源、制度等优势，供给体系韧性足，但是如果不注重内外联动，闭门造车，最终还是无法实现经济高质量发展的。这也就意味着在新发展阶段，我国依然需要更高水平的开放来助推国内经济发展质量的提高。

第五，经济高质量发展要重视经济成果的全民共享。实现发展成果的全民共享是经济高质量发展的重要目标，通过推进教育、医疗、收入分配等重点领域改革，完善教育、社保等体系并改善基础设施建设，提升公共服务效率，改善福利水平，保障基本民生，提高人民的获得感。总之，成果的全民共享体现党的初心使命，是经济高质量发展绕不开的议题。

5.1.1 指标体系构建原则

本书在构建经济高质量发展指标体系时主要遵循了以下几点原则：

（1）科学性原则。指标的设置应该遵从各区域的社会、经济、生态等的客观发展规律，能够充分反映研究对象的本质含义，客观反映我国各区域经济高质量发展水平，力求所选取的指标具有真实性和客观性，避免主观随意性，从而确保最终评价结果的科学性。

（2）层次性原则。指标的选取应该依照一定的逻辑顺序才能从多个维度综合反映我国各地经济高质量发展水平的差距，选取的指标要具有一定的层次性和顺序性。在本书中，把经济高质量发展指标体系设置为四个层次，第一层次为综合性的高质量发展目标层指标，第二层次为准则层指标，包含创新、协调、绿色、开放、共享五个层次，第三层次为要素层指标，第四层次为具体指标层。并力求评判指标覆盖面广，多角度进行选取，从而能够从多个维度综合反映出我国各地真实的经济高质量发展水平差距。

（3）可操作性与可比性原则。客观测度结果离不开真实可靠的数据，在指标体系构建过程中所选取的指标应保证数据获取来源是可靠的。选择的数据要具备可操作性，并具有可比性，能对不同地区的经济高质量发展水平进行比较分析是建立指标体系的一个重要目标。

5.1.2 指标体系构建

本书从经济高质量发展的实际需求与内涵出发，遵照以上构建指标体系的相关原则，从以下几个方面构建了经济高质量发展评价指标体系，具体指标及指标测度方法见表5-1。

表5-1　经济高质量发展指标体系构建

<table>
<tr><th>目标层</th><th>准则层</th><th>要素层</th><th>指标层</th><th>具体指标测度方法说明</th><th>属性</th></tr>
<tr><td rowspan="8">经济高质量发展指标体系</td><td rowspan="6">创新发展</td><td rowspan="3">创新驱动</td><td>研发投入强度</td><td>研发实验发展经费内部支出/GDP</td><td>+</td></tr>
<tr><td>创新产出水平</td><td>三种专利申请受理量/总人口</td><td>+</td></tr>
<tr><td>技术交易活跃度</td><td>技术交易成交额/GDP</td><td>+</td></tr>
<tr><td rowspan="3">效率提升</td><td>全要素生产率</td><td>DEA-Malmquist 测算的全要素生产率</td><td>+</td></tr>
<tr><td>劳动生产率</td><td>GDP/全社会就业人员</td><td>+</td></tr>
<tr><td>资本生产率</td><td>GDP/全社会固定资产投资</td><td>+</td></tr>
<tr><td rowspan="2">协调发展</td><td rowspan="2">产业协调</td><td>产业结构合理化</td><td>产业结构泰尔指数</td><td>−</td></tr>
<tr><td>产业结构高级化</td><td>三产生产总值/二产生产总值</td><td>+</td></tr>
</table>

（续）

目标层	准则层	要素层	指标层	具体指标测度方法说明	属性
经济高质量发展指标体系	协调发展	区域协调	省际产出差异	各省人均GDP与全国人均GDP比重	+
		城乡协调	城镇化率	城市人口/总人口	+
			城乡收入差距	城乡收入泰尔指数	−
	绿色发展	环境保护	城市人均绿地面积	城市绿地面积/当地城镇总人口数	+
			环境治理强度	工业污染治理投资总额/GDP	+
		污染排放	单位GDP废气排放量	二氧化硫排放量/GDP	−
			单位GDP废水排放量	废水排放量/GDP	−
			单位GDP固体废物排放量	固体废弃物排放量/GDP	−
		资源消耗	单位GDP电力消耗量	电力消费量/GDP	−
			单位GDP能源消耗量	能源消费量/GDP	−
	开放发展	开放水平	利用外资的强度	实际利用外资金额/GDP	+
			对外贸易依存度	进出口总额/GDP	+
		开放效果	市场化指数	采用王小鲁等（2019）测度的中国分省市场化指数	+
			人均国际旅游收入	国际旅游收入/总人口	+
	共享发展	成果分配	社会保障和就业支出水平	社会保障和就业支出/GDP	+
			劳动报酬比	劳动者报酬/GDP	+
		福利改善	人均医疗机构床位数	医疗机构床位数/总人口	+
			教育经费支出比	教育经费/财政支出	+
			人均GDP	GDP/总人口	+

5.1.3 指标选择与说明

（1）创新发展维度指标。本书从创新驱动、效率提升两个方面对创新发展进行评价。经济高质量发展必然要求注重新旧动能转换，将经济增长动力转变为创新驱动和效率提升。其中，创新驱动参考陈冲和吴炜聪（2020）、孙豪等（2021）的研究成果，用创新产出水平、研发投入强度、技术交易活跃度来加以表征。我国经济步入经济高质量发展的阶段，以往过度依赖要素与投资驱动的模式越来越行不通，因此需要把经济高质量发展的动能转为创新驱动，使经济社会发展的根本动力转向科技和创新。效率提升则参考杨耀武和张平（2021）的研究成果，用全要素生产率、劳动生产率、资本生产率这三个指标来加以考察。经济动力机制的转变会带来更高的经济增长效率，经济高质量发展绝不是以资源要素大规模投入来换取经济快速增长的方式，而是追求集约型和高效型的经济增长方式。

（2）协调发展维度指标。协调发展维度包括产业发展协调度、城乡发展协调度以及区域发展协调度三大类，指标分别从产业结构协调、城乡结构协调、区域协调三个分项来着手构建。其中，产业结构协调参考了袁航和朱承亮（2018）的研究，分别用产业结构偏离的泰尔指数和第三产业与第二产业产值之比来表示，其中，产业结构偏离的泰尔指数参考了干春晖等（2011）的方法，结合相关数据计算所得。城乡结构协调借鉴孙豪等（2020）、任保平等（2020），用城镇化率、城乡收入差距衡量。区域协调则用省际产出差异来衡量。

（3）绿色维度指标。绿色发展维度分别从环境保护、污染排放和资源消耗三个角度进行考察。绿色发展是经济高质量发展的根本体现，一个地区若实现了绿色发展也就可以说实现了可持续发展。以往以环境为代价的发展模式教训深刻，在今后的发展过程中不能再走破坏资源污染环境的老路，需要努力实现经济的绿色发展。本书从环境保护、资源消耗和污染排放三个方面来考察经济的绿色发展。参考任保平（2018）、魏敏（2018）等人的研究结果，环境保护用城市人均绿地面积与环境治理强度两个方面来表征，污染排放包括单位 GDP 废水排放量、单位 GDP 废气排放量和单位 GDP 固体废物排放量三个方面，资源消耗则用单位 GDP 能源消耗量和单位 GDP 电力消耗量来表征。

（4）开放发展维度指标。开放发展维度分别从开放水平以及开放效果两个分项进行考察。坚持开放发展既需要充分发挥我国国内的制度优势、资源优势等，还需要进一步深入利用国内国际两种资源、两个市场，持续提升开放质量。本书开放水平参考詹新宇和崔培培（2016）的研究，选取对外贸易依存度、利用外资强度两个指标。开放效果参考刘亚雪等（2020）、孙豪等（2021）的研究，选取市场化程度和人均国际旅游收入来衡量。

（5）共享发展维度指标。共享发展维度分别从成果分配、福利改善两个分项进行考察。人民各种福利的改善是经济发展的重要体现，经济发展的最终落脚点就是提升人民的幸福感与获得感，即发展经济的最终目的就是为了提升居民生活质量和福利水平。共享发展强调成果惠及全体人民，强调人的获得感和主体地位，因此本书从成果分配和福利改善来定义经济共享发展，其中成果分配参考陈冲和吴炜聪（2020）等人的研究成果，用社会保障和就业支出水平、劳动报酬比来加以考察。福利改善则参考詹新宇和崔培培（2016）等人的研究成果，用人均医疗机构床位数、教育经费支出比和人均 GDP 来考察。

5.2 经济高质量发展的测度方法

5.2.1 测度方法选择

学界对经济高质量发展水平的测度方法主要包括主观和客观赋权法。主观赋权法的优点是能够赋予权重更多的现实意义，但缺点也很明显，最主要的缺点是评价结果不够客观（简新华等，2020），脱离真实情况。客观赋权法中的熵值赋权法是经常用到的一种方法，因为熵值赋权法是根据指标数据本身特征来进行测度的，所以可以在最大限度的避免人为决定的偏差的同时又不失准确性（孟德友等，2012）。鉴于熵值赋权法能够确定指标的最优权重等诸多优点，本书借鉴魏敏等（2018）的做法，使用熵值赋权法来测算经济高质量发展水平。

熵值赋权法的基本原理是：根据信息论的观点，熵是对系统混乱程度的度量。如果系统每种状态出现的概率为（$i=1$，2，…，m）时，熵定义为：

$$e=-\sum_{i=1}^{m}p_i\ln p_i \qquad (5-1)$$

当上式中 $p_i=1/m(i=1, 2, \cdots, m)$ 时，则有：$e_{\max}=\ln m$。

用熵值赋权法对指数结果进行计算主要包括以下几个步骤：

（1）对所需数据的收集与整理：假设研究中所需要评价的项目有 m 个，包含了 n 个评价指标，则可以构建原始数据矩阵 $R=(r_{ij})_{m\times n}$：

$$R=\begin{bmatrix} r_{11} & r_{12} & \cdots & r_{1j} \\ r_{21} & r_{22} & \cdots & r_{2j} \\ \cdots & \cdots & \cdots & \cdots \\ r_{i1} & r_{i2} & \cdots & r_{ij} \end{bmatrix}_{m\times n} \tag{5-2}$$

上式中的 r_{ij} 为第 j 个指标下第 i 个项目的评价值。

（2）数据标准化处理：

$$\text{负向指标 } X'_{ij}=\frac{\max\{X_{1j}, X_{2j}, \cdots, X_{mj}\}-X_{ij}}{\max\{X_{1j}, X_{2j}, \cdots, X_{mj}\}-\min\{X_{1j}, X_{2j}, \cdots, X_{mj}\}} \tag{5-3}$$

$$\text{正向指标 } X'_{ij}=\frac{X_{ij}-\min\{X_{1j}, X_{2j}, \cdots, X_{mj}\}}{\max\{X_{1j}, X_{2j}, \cdots, X_{mj}\}-\min\{X_{1j}, X_{2j}, \cdots, X_{mj}\}} \tag{5-4}$$

（3）计算第 j 项第 i 年指标的比重：

$$Y_{ij}=\frac{X'_{ij}}{\sum_{i=1}^{m}X'_{ij}} \tag{5-5}$$

基于此，可以建立数据的比重矩阵 $Y=\{Y_{ij}\}_{m\times n}$

（4）计算指标信息熵：

$$e_j=k\sum_{i=1}^{m}Y_{ij}\times\ln Y_{ij} \tag{5-6}$$

在上式中，K 为常数，且 $K=-1/\ln m$

（5）计算信息熵冗余度：

$$d_j=1-e_j \tag{5-7}$$

（6）计算指标权重：

$$W_i = d_j / \sum_{j=1}^{n} d_j \tag{5-8}$$

（7）计算单指标评价得分：

$$q_{ij} = W_i \times X'_{ij} \tag{5-9}$$

式中，X'_{ij} 是第 i 个地区第 j 项评价指标标准值，W_i 为第 i 个指标的权重。

因此，第 i 个地区的最终评价值为本书最终评价值，即 $Q_j = \sum_{i=1}^{n} q_{ij}$ 。文中，我们用 Q_j 来分别测度全国整体及各省市的创新发展指数、协调发展指数、绿色发展指数、开放发展指数、共享发展指数及经济高质量发展综合指数，以表征和衡量各区域经济发展质量水平。

5.2.2 数据来源与指标说明

经济高质量发展包含创新、协调、绿色、开放与共享五个发展维度，本书各个维度所选的指标数据主要来源于 2001—2020 年《中国统计年鉴》《中国科技统计年鉴》《中国工业统计年鉴》等各类统计年鉴，以及 Wind 数据库等数据库所收集的数据。此外，由于数据收集的滞后性等因素，部分省份的数据存在缺失值，本书采用插值法对缺失的相关数据进行了补充。因西藏自治区以及港澳台地区的数据收集难度较大，本书的研究剔除了这几个地区，仅保留了中国大陆 30 个省份的面板数据作为研究基础。为了更好地了解各省（自治区、直辖市）的经济高质量发展水平的现状，本书分别从省际、区域以及全国整体三个层面对经济高质量发展进行了测度。

5.3 经济高质量发展测度结果分析

5.3.1 我国经济高质量发展时间演化分析

首先，利用熵值赋权法这一客观测度方法得到评价指标权重值，最终结果如表 5-2 所示。2000—2019 年，创新发展是经济高质量发展中权重最高的，权重系数为 0.387 5，这说明在研究区间内我国创新水平的提升对推进经济高质量发展的贡献度较高，创新发展的提高主要体现在创新驱动和效率提升等方面，表明创新和效率在促进我国经济高质量发展过程中发挥举足轻重的作用。其次，开放发展维度在经济高质量发展的综合指数中权重较大，权重系数为 0.266 8，说明在此期间，开放水平的改善对我国经济高质量具有重要的意义，一个地区的开放水平越高，经济高质量发展水平越高，当本地区开放水平不断提高时，市场准入放宽，企业自主权与竞争性得以增强，能够提高本地的经济高质量发展水平。相较创新发展和开放发展两个维度而言，协调发展、绿色发展和共享发展维度占经济高质量发展综合指数的权重较小，其权重系数值分别为 0.119 1、0.091 1 和 0.135 4。

表 5-2　经济高质量发展指标权重

目标层	准则层	要素层	指标层	权重
经济高质量发展指标体系	创新发展（0.387 5）	创新驱动	研发投入强度	0.045 0
			创新产出水平	0.121 3
			技术交易活跃度	0.125 9
		效率提升	全要素生产率	0.020 0
			劳动生产率	0.044 1
			资本生产率	0.031 1
	协调发展（0.119 1）	产业协调	产业结构合理化	0.005 2
			产业结构高级化	0.050 3
		区域协调	省际产出差异	0.040 3
		城乡协调	城镇化率	0.016 6
			城乡收入差距	0.006 7
	绿色发展（0.091 1）	环境保护	城市人均绿地面积	0.036 8
			环境治理强度	0.042 6
		污染排放	单位 GDP 废气排放量	0.001 1
			单位 GDP 废水排放量	0.002 8
			单位 GDP 固体废物排放量	0.002 0

（续）

<table>
<tr><th>目标层</th><th>准则层</th><th>要素层</th><th>指标层</th><th>权重</th></tr>
<tr><td rowspan="11">经济高质量发展指标体系</td><td rowspan="2">绿色发展
（0.091 1）</td><td rowspan="2">资源消耗</td><td>单位 GDP 电力消耗量</td><td>0.001 1</td></tr>
<tr><td>单位 GDP 能源消耗量</td><td>0.004 8</td></tr>
<tr><td rowspan="4">开放发展
（0.266 8）</td><td rowspan="2">开放水平</td><td>利用外资的强度</td><td>0.046 3</td></tr>
<tr><td>对外贸易依存度</td><td>0.084 8</td></tr>
<tr><td rowspan="2">开放效果</td><td>市场化指数</td><td>0.019 1</td></tr>
<tr><td>人均国际旅游收入</td><td>0.116 6</td></tr>
<tr><td rowspan="5">共享发展
（0.135 4）</td><td rowspan="2">成果分配</td><td>社会保障和就业支出水平</td><td>0.025 9</td></tr>
<tr><td>劳动报酬比</td><td>0.023 2</td></tr>
<tr><td rowspan="3">福利改善</td><td>人均医疗机构床位数</td><td>0.027 2</td></tr>
<tr><td>教育经费支出比</td><td>0.010 5</td></tr>
<tr><td>人均 GDP</td><td>0.048 6</td></tr>
</table>

根据熵值赋权法，以创新发展、协调发展、绿色发展、开放发展与共享发展五个维度构建基础指标体系来综合评价我国经济高质量发展水平。基于 30 个省（自治区、直辖市）的数据以及表 5－1 的各基础指标，可以分别测算出我国 2000—2019 年五个分维度指数以及经济高质量发展综合指数，结果见表 5－3。

表 5－3　我国 2000—2019 年经济发展质量指数

年份	创新	协调	绿色	开放	共享	综合
2000	0.114 7	0.203 6	0.258 0	0.119 0	0.128 2	0.137 7
2001	0.096 8	0.207 1	0.210 3	0.117 5	0.131 5	0.124 4
2002	0.090 4	0.208 7	0.218 8	0.128 5	0.138 3	0.130 5
2003	0.098 0	0.206 4	0.213 4	0.133 5	0.140 8	0.134 4
2004	0.115 1	0.203 4	0.245 1	0.152 3	0.144 4	0.153 7
2005	0.124 6	0.219 9	0.260 0	0.158 1	0.149 3	0.166 3
2006	0.120 2	0.216 3	0.264 1	0.171 9	0.157 3	0.172 8
2007	0.107 4	0.215 9	0.277 4	0.186 2	0.173 5	0.181 0
2008	0.103 4	0.216 7	0.274 9	0.178 4	0.195 9	0.181 8
2009	0.108 0	0.229 4	0.267 8	0.161 3	0.204 9	0.179 6

（续）

年份	创新	协调	绿色	开放	共享	综合
2010	0.133 0	0.228 7	0.251 0	0.176 8	0.225 4	0.196 5
2011	0.162 6	0.231 2	0.252 1	0.189 5	0.248 0	0.218 0
2012	0.172 5	0.238 9	0.258 4	0.195 9	0.265 0	0.230 8
2013	0.169 3	0.246 3	0.282 0	0.195 7	0.279 8	0.239 0
2014	0.158 5	0.259 8	0.293 8	0.196 1	0.296 6	0.244 5
2015	0.169 7	0.274 0	0.266 6	0.189 5	0.315 6	0.248 2
2016	0.200 5	0.285 4	0.274 7	0.182 0	0.334 2	0.263 4
2017	0.228 9	0.290 2	0.259 1	0.196 6	0.361 7	0.284 1
2018	0.254 9	0.296 9	0.254 5	0.188 7	0.375 2	0.293 2
2019	0.252 6	0.313 6	0.255 4	0.187 9	0.394 0	0.300 2

为了进一步考察我国各省整体经济高质量发展水平，本书利用2000—2019年各省的经济高质量发展指数的均值及分维度指数的均值，绘制了我国经济高质量发展综合指数及各维度指数的变化趋势图，具体结果见图5-1。由图5-1不难看出，在研究区间内我国的经济高质量发展综合指数总体上呈现上升的态势，说明近20年来伴随着经济增长，经济发展的质量也得到了一定程度的提升。从数据上来看，我国经济高质量发展指数从2000年的0.137 7增加到2019年的0.300 2，增长了0.162 6，多年平均值为0.204，年均增长4.19%。

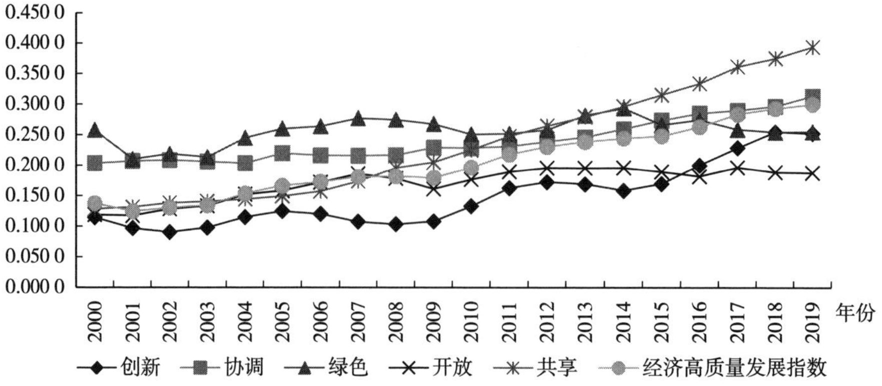

图5-1　2000—2019年我国经济高质量发展综合指数及各维度指数的变化趋势图

从分维度来看，2000—2019 年我国创新发展维度整体呈波动上升的趋势，指数值由期初的 0.114 7 发展到期末的 0.252 6，多年平均值为 0.149 1，年均增长率为 4.25%，数据的大幅增长说明了创新在这一时间段得到了长足的发展；协调发展维度指数整体呈现出稳定增长态势，由 2000 年的 0.203 6 增长到 2019 年的 0.313 6，多年平均值为 0.239 6，年均增长率为 2.30%，协调发展水平的提升表明我国长期以来产业结构不协调、区域发展不协调及城乡发展不协调的状况得到了一定的改善；绿色发展维度指数整体呈波动下降的趋势，由 0.258 0 略降到 0.255 4，多年平均值为 0.256 9，年均增长率约为−0.05%，说明这 20 年来伴随着经济增长，我国生态环境遭受到了一定程度的破坏，经济增长在一定程度上对生态环境造成了巨大压力，环境保护成效尚不显著；开放发展维度指数从 2000 年的 0.119 0 上升到 2019 年的 0.187 9，增长了 0.068 9，多年平均值为 0.170 3，年均增长率为 2.43%，说明我国整体开放水平在这一时间段取得了较好的发展，开放政策的成效较为显著；共享发展维度指数从 2000 年的 0.128 2 上升到 2019 年的 0.394 0，增长了 0.265 8，多年平均值为 0.233，年均增长率为 6.09%，共享发展水平的提升说明了我国改革开放的成果比以往更好地惠及于民，在提升了我国总的财富水平的同时也推动了全体居民的财富共享水平。总体而言，共享发展维度和创新发展维度增幅较大，增幅较小的是协调维度以及开放发展维度，而绿色发展维度的指数则有所降低。

5.3.2 我国经济高质量发展的地区差异分析

5.3.2.1 省际层面之间的差异分析

我国各省、市、自治区地理环境、资源禀赋、政策方针、发展能力、技术水平等方面存在较大的差异，这也导致了现阶段我国各省市之间的经济高质量发展水平存在着较大的差异。基于此，本书以 2019 年的数据为例，从我国省际层面考察其差异水平。

一是考察经济高质量发展综合指数的横向比较。根据图 5-2 可知，北京的经济高质量发展综合指数 2019 年排在第一位，为 0.830 2，其次是上海市，综合指数值为0.749 6。排在后三位的是贵州、甘肃和青海，指数值分别为0.177 7、0.167 3和0.162 2。2019年，30个省（自治区、直辖市）经济高质量发展综合指数的均值为0.300 2。总体上看，我国经济高质量发展水平的省际差异较大，排在前几位的省份和排在后几位的省份差异较大，东部区域的省份一般经济发展质量较高，这主要是由于市场机制比较完善以及良好的区位条件等，而那些经济发展质量较低的省份则大多位于中西部地区，由于西部地区基础条件、产业结构、消费水平、科技水平发展、资源环境承载力等较东部地区落后，因而其很多省份的经济高质量发展水平落后于全国均值。

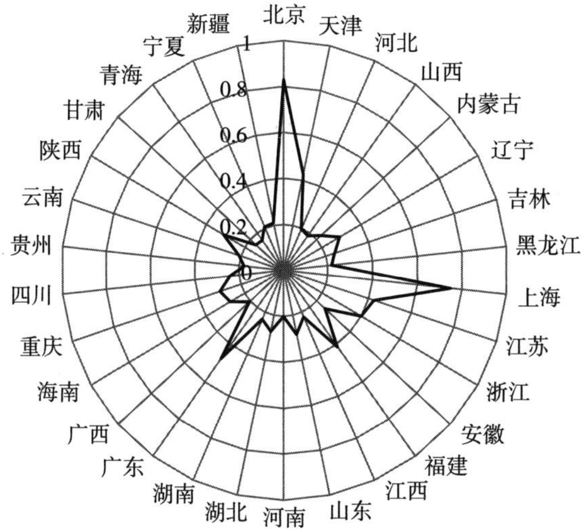

图5-2　2019年我国不同省份经济高质量发展指数雷达图

二是创新发展维度的横向比较。根据图5-3可知，2019年我国创新发展水平指数排名前三位的分别是北京、上海和天津，其创新发展指数分别为0.961 7、0.589 9和0.469 7。新疆、云南和青海的创新发展水平排名较靠后，其创新发展水平指数分别为0.11、0.104 7和0.100 2。创新发展水平指数排名第一位的北京市和排名后三位的新疆、云南和青海之间均相差8倍以上，这说明我国的创新发展水平在省际间的差异非常大。落后省份的创新发展水平有待进一步提升，今后需要大力提高人力资本水平和增加创新投入力度，增强本地区创新能力，使当地的经济发展动能较快转变为创新驱动。

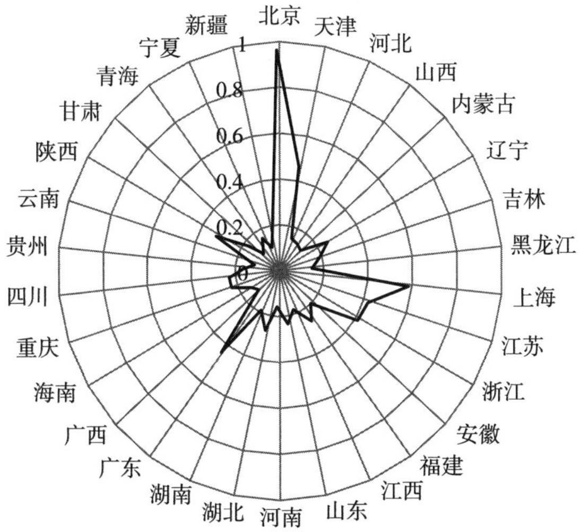

图 5-3　2019 年我国不同省份创新发展指数雷达图

三是协调发展维度的横向比较。根据图 5-4 可知，2019 年我国协调发展水平指数排名前三的分别是北京、上海和天津，其协调发展指数分别为 0.815 9、0.589 6 和 0.420 9。排名后三位的省份分别是陕西、甘肃和

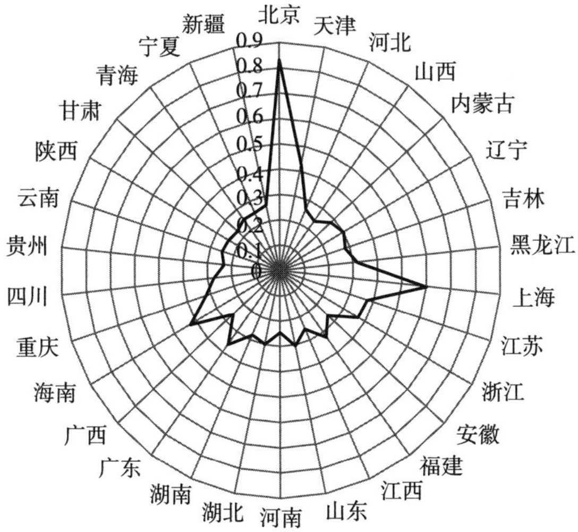

图 5-4　2019 年我国不同省份协调发展指数雷达图

贵州，其协调发展水平指数分别为 0.236 1、0.228 0 和 0.223 4。协调发展水平指数排名第一位的北京和排名后三位的陕西、甘肃和贵州均相差 3 倍以上，说明我国的协调发展水平在省份间的差异较大，落后省份在产业结构协调、区域发展协调和城乡发展结构协调上均有待进一步提升。

四是绿色发展维度的横向比较。根据图 5－5 可知，2019 年我国绿色发展水平指数排名前三的分别是上海、宁夏和新疆，其绿色发展指数分别为 0.398 7、0.375 0 和 0.345 5。排名后三位的省份分别是甘肃、云南和湖南，其绿色发展水平指数分别为 0.198 1、0.190 和 0.172 1。绿色发展水平指数排名第一的上海和排名后三位的新疆、云南和青海均相差不到 1 倍，且绿色发展维度与其他维度比较来看，指数值相对较小，这说明了我国绿色发展水平在省份间的差异较小，发展成效较差，绿色发展水平尚有非常大的整体提升空间。

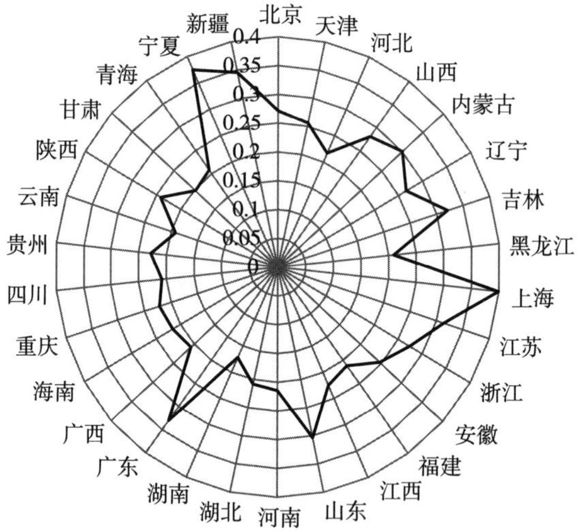

图 5－5　2019 年我国不同省份绿色发展指数雷达图

五是开放发展指数的横向比较。根据图 5－6 可知，2019 年上海的经济高质量发展综合指数排在第一位，为 0.714 4，其次是北京，为 0.551，第三位是广东，为 0.452 3。排在后三位的分别是贵州、甘肃和青海，分别为 0.038、0.026 2 和 0.015 2。整体来看，我国开放发展水平省际差异较大，发展质量较高的省份大多集中于我国的东部区域，而中西部地区各省份的开放发展水平整体较差，在今后的发展过程中需要继续坚持对外开放政策，努力扩大开放成效、提升开放质量，力争缩小与东部地区的差异。

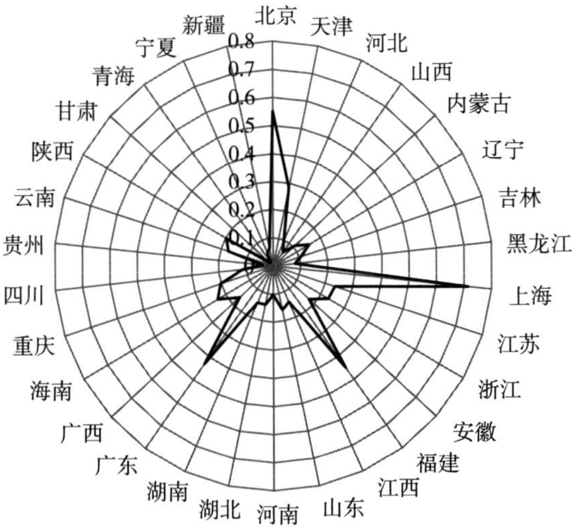

图 5－6　2019 年我国不同省份开放发展指数雷达图

六是共享发展指数的横向比较，根据图 5－7 可知，2019 年我国共享发展水平指数排名前三的分别是北京、上海和江苏，其共享发展指数分别

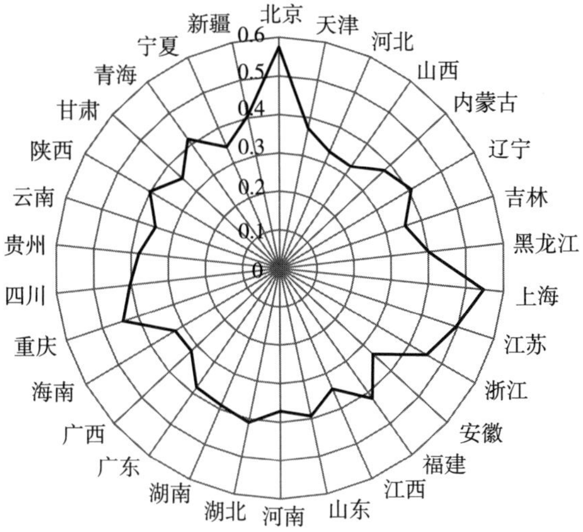

图 5－7　2019 年我国不同省份共享发展指数雷达图

为 0.575、0.547 和 0.495 6。排在后三位的分别是山西、海南和广西，指数值分别为 0.326 2、0.323 9 和 0.320 3。整体来看，与其他分维度指数比较，我国各省份的共享发展水平省际差异较小。这也从侧面说明我国的脱贫工作取得了显著的成效，经济发展的成果一定程度上能够有效地惠及于民。

5.3.2.2 东中西部地区经济高质量发展水平的差异

以往研究表明我国东中西部地区在经济增长方面存在着显著的差异，那么，三者之间在经济高质量发展上是否也存在着显著的差异？本书将结合相关数据来具体分析这一问题。

本书参考刘智勇等（2018）的划分方式，把我国划分为三大经济区（限于数据的完整性，在本书的研究中剔除了我国的西藏及港澳台地区的数据），东部包括辽宁、河北、北京、天津、山东、上海、江苏、浙江、福建、广东和海南；中部包括吉林、黑龙江、河南、山西、安徽、江西、湖南和湖北；西部包括内蒙古、陕西、宁夏、甘肃、新疆、青海、四川、重庆、云南、广西和贵州。

结果如表 5－4 和图 5－8 所示，我国三大地区因资源禀赋、发展能力、技术水平等存在差异，从而使经济高质量发展水平也呈现不同趋势。从空间维度上来看，2000—2019 年我国自东部地区到中部地区再到西部地区的经济高质量发展指数总体上呈现下降态势，东部地区经济的高质量发展指数在三者中是最高的，经济高质量发展程度均远远高于中部地区与西部地区，且远远超过我国整体高质量发展的平均曲线。中、西部地区经济高质量发展水平大幅落后于东部地区，且中部地区的高质量发展水平表现出略高于西部地区的特征。西部地区是三个区域中最低的，但经济高质量发展水平与中部地区的差异性整体较小。具体来看，东部地区经济高质量发展指数由 2000 年的 0.229 1 增长至 2019 年的 0.433 3，增幅 0.204 2，年平均增长率 3.41％；中部地区由 2000 年的 0.091 2 逐步增长至 2019 年的 0.228 2，增幅 0.137 0，年平均增长率 4.95％；西部地区的经济高质量发展指数从 2000 年的 0.080 增加到 2019 年的 0.219 5，增幅 0.139 5，年平均增长率为5.46%。东部地区经济高质量发展的初始水平高于中西部地区，但是年均发展速度要低于中西部地区；中西部地区高质量发展起步水平较低，但经过20年发展，也取得了较大的进步。西部地区经济高质量发展水平较差，主要是由于部分西部地区的省份在发展过程中存在资源路径依赖，与能源矿产资源有关的产业以及农畜产品加工业较为发达，高端产业发展不足，这种发展模式不利于经济的转型，对环境也会造成一定的压力，制约经济发展质量的提升。中部地区近些年受到中部崛起等政策引导，承接了不少东部地区转移的产业，而转移过来的产业很多都是高耗能且技术含量低的产业，加之该地区以往产业结构不合理，种种不利因素导致了经济发展质量也较为落后。今后应该提升中西部地区的发展效率，控制高耗能高污染产业发展规模，淘汰落后产能，提高环境治理能力，降低生态环境污染，在经济发展过程中努力增强自身造血能力等内生发展动力，推动经济的提质增效。东部地区经济高质量发展水平较高，经济具有很强的活力，今后要继续发挥技术人才优势，加大创新、扩大开放，在发展过程中提升产业竞争力，提升产品科技含量及附加值，力争占据全球价值链上端，促进经济高质量发展更上一个新台阶。

表5-4　我国整体及东中西部地区经济高质量发展指数变化

年份	东部	中部	西部	全国
2000	0.229 1	0.091 2	0.080 0	0.137 6
2001	0.218 5	0.077 3	0.064 7	0.124 4
2002	0.231 1	0.079 6	0.067 0	0.130 5
2003	0.239 1	0.081 2	0.068 3	0.134 4
2004	0.264 3	0.095 1	0.085 8	0.153 7
2005	0.285 7	0.105 5	0.091 1	0.166 3
2006	0.294 3	0.107 9	0.098 3	0.172 7
2007	0.308 7	0.118 1	0.099 1	0.181 0
2008	0.308 9	0.113 5	0.104 5	0.181 8
2009	0.298 2	0.111 3	0.110 6	0.179 6
2010	0.330 2	0.121 9	0.117 1	0.196 5

（续）

年份	东部	中部	西部	全国
2011	0.357 4	0.139 2	0.135 8	0.218 0
2012	0.368 0	0.153 9	0.149 6	0.230 8
2013	0.367 8	0.165 0	0.163 8	0.238 9
2014	0.370 3	0.167 4	0.174 8	0.244 5
2015	0.374 0	0.176 5	0.174 6	0.248 2
2016	0.389 6	0.191 5	0.189 4	0.263 4
2017	0.413 6	0.216 0	0.204 1	0.284 1
2018	0.423 0	0.221 8	0.215 3	0.293 2
2019	0.433 3	0.228 2	0.219 5	0.300 2

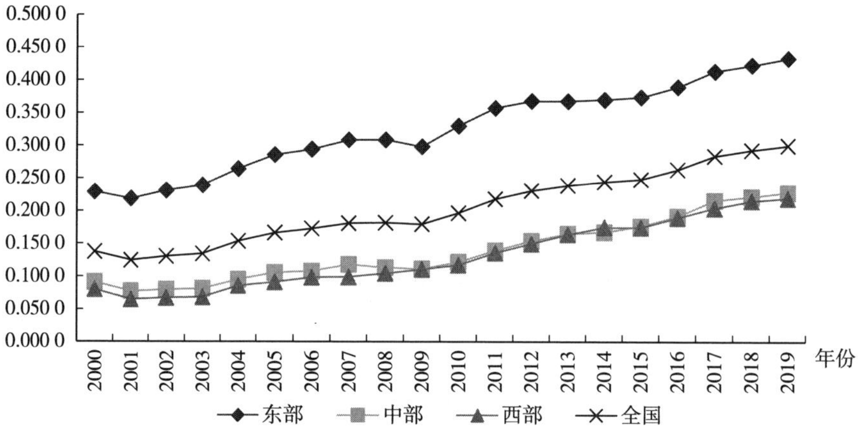

图 5-8　我国整体及东中西部地区经济高质量发展指数变化趋势图

5.3.2.3　南北方经济高质量发展水平的差异

近年来，我国南北经济增速由之前的“北快南慢”加速向“南快北慢”格局转变，南北经济增长差距不断扩大（安虎森，2021）。那么，在经济增长差距扩大的同时，是否存在经济发展质量上的差距扩大？基于以上问题，有必要在经济发展质量上考察南北方之间的差异。

本书南北方地区的划分依据参考了孙豪等人（2020）的研究成果，首先基于自然地理学上的传统划分方式，以我国的秦岭—淮河一线作为我国南北方的地理分界线，把我国划分为南北两大区块，对于横跨秦岭—淮河界线的省份，当省会城市位于秦岭—淮河以北时，则划定该省为“北方”地区的省份，当省会城市位于秦岭—淮河以南时，则将该省划定为“南方”地区的省份。根据这种标准，本书界定的“南方”地区省份包括安徽、江苏、江西、上海、浙江、福建、广东、广西、海南、重庆、四川、云南、贵州、湖南、湖北、西藏、香港、澳门及台湾等 19 个省份；属于“北方”地区的省份包括北京、天津、黑龙江、吉林、辽宁、内蒙古、河北、山东、山西、河南、宁夏、陕西、甘肃、新疆及青海等 15 个省份。限于数据的完整性和可得性，在本书的研究中除去了港澳台及西藏。

南北方地区的经济高质量发展水平测量结果如表 5－5 和图 5－9 所示。2000—2019 年，我国南北方地区的经济高质量发展水平逐渐由均衡向差异扩大趋势发展。经过 20 年的发展，北方地区的经济高质量发展指数水平逐渐落后于南方地区，说明在研究区间内北方地区的经济发展质量年均增幅较小，因此发展质量最终落后于南方地区。具体来看，南方地区的经济高质量发展指数水平由 2000 年的 0.132 1 增长至 2019 年的 0.323 1，增幅 0.191，年平均增长率约为 4.82%；北方地区的经济高质量发展水平从 2000 年的 0.143 2 逐步增长到 2019 年的 0.277 4，增幅为 0.134 2，年平均增长率 3.54%。由数据可知，南方地区经济高质量发展虽然起步水平略低，但年均发展速度明显高于北方地区，经过 20 年发展，不仅追上了北方地区，而且大幅赶超，并有差距逐渐扩大的趋势。北方地区一方面由于产业结构偏向于重工业、传统工业占比过高、服务业发展较慢等导致了经济结构的不合理，使经济增速放缓，缺乏经济高质量发展必要动力，另一方面又受到南方发达地区尤其是东南沿海地区对人口吸引力的影响，导致北方地区人口向南方流动，北方地区一些省份劳动力数量持续下降，人力资本情况变差，削弱了经济发展动力。另外，北方地区体制改革滞后于南方、市场化水平较差、资本积累过慢等也是近几年经济高质量发展逐渐落后于南方的重要原因（盛来运等，2018）。

表 5-5　我国整体及南北方地区经济高质量发展指数变化趋势

年份	南方	北方	全国
2000	0.132 1	0.143 2	0.137 6
2001	0.122 1	0.126 7	0.124 4
2002	0.127 8	0.133 2	0.130 5
2003	0.139 9	0.128 8	0.134 4
2004	0.156 2	0.151 2	0.153 7
2005	0.169 1	0.163 5	0.166 3
2006	0.172 8	0.172 7	0.172 7
2007	0.183 4	0.178 6	0.181 0
2008	0.184 4	0.179 3	0.181 8
2009	0.182 1	0.177 0	0.179 6
2010	0.202 5	0.190 5	0.196 5
2011	0.223 6	0.212 3	0.218 0
2012	0.238 6	0.223 0	0.230 8
2013	0.242 0	0.235 8	0.238 9
2014	0.248 0	0.241 0	0.244 5
2015	0.258 0	0.238 5	0.248 2
2016	0.271 9	0.254 9	0.263 4
2017	0.295 1	0.273 0	0.284 1
2018	0.311 2	0.275 1	0.293 2
2019	0.323 1	0.277 4	0.300 2

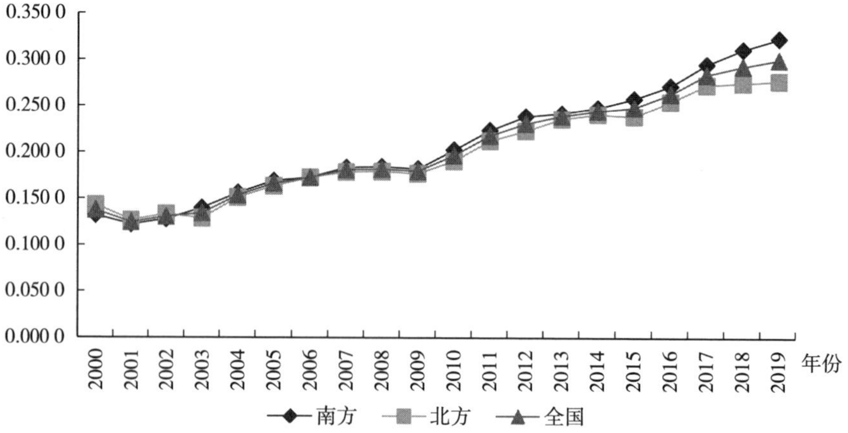

图 5-9　我国整体及南北方地区经济高质量发展指数变化趋势图

5.4 本章小结

本章从经济高质量发展内涵出发，通过实证等方法分析了我国2000—2019年的20年间经济高质量发展水平及新发展理念的五个分维度发展水平。并对我国各省、东中西部地区以及南北方地区在经济高质量综合发展水平上的区域差异表现进行了研究，得出如下结论：

（1）从整体发展水平看，在2000—2019年，经济高质量发展指数由初期的0.137 7增长到2019年的0.300 2，增长了0.162 6，年均增长4.19%，说明我国经济高质量发展水平正在稳步提升，获得了较大的进步。从分维度来看，创新发展维度指数由初期的0.114 7增长到0.252 6，年均增长率4.25%；协调发展维度指数由初期的0.203 6增长到期末的0.313 6，年均增长率2.30%；绿色发展维度指数由初期的0.258 0略降到期末0.255 4，年均增长率约为−0.05%；开放发展维度指数由初期的0.119 0增长到0.187 9，年均增长率2.43%；共享发展维度指数由初期的0.128 2增长到0.394 0，年均增长率6.09%，总体而言，这期间，除了绿色发展维度以外，其他各维度的发展水平及经济高质量发展综合水平均有所进步，说明我国在经济增长的同时，发展质量也取得了一定的成效，整体发展水平在不断优化改进。

（2）从各省份的高质量发展水平来看，通过对2019年结果进行分析发现，北京的经济高质量发展综合指数是最高值，为0.830 2，其次是上海，为0.749 6，而经济高质量发展综合指数排名最后的是青海，为0.162 2；2019年创新发展指数排名前三的分别是北京、上海和天津，其创新发展指数分别为0.961 7、0.589 9和0.469 7，排名最后的是青海，其创新发展指数为0.100 2；协调发展指数中北京、上海及天津的排名较靠前，其指数分别为0.815 9、0.589 6和0.420 9，贵州的协调发展指数在各省中排名最差，为0.223 4；上海、宁夏和新疆的绿色发展指数排名前三，其绿色发展指数分别为0.398 7、0.375和0.345 5，排名最后的是湖南，其指数为 0.172 1；开放发展指数排名前三的分别是上海、北京、广东，其开放发展指数分别为 0.714 4、0.551、0.452 3，排名最后的是青海，其开放发展指数分别为 0.015；共享发展指数排名前三的分别是北京、上海和江苏，其共享发展指数分别为 0.575、0.547 和 0.495 6，排名最后的是广西，其共享发展指数为 0.320 3。

（3）从东中西部区域来看，我国东部地区在 2000—2019 年这一区间的经济高质量发展水平最高，东部地区的经济高质量发展指数由 2000 年的 0.229 1 平稳增长至 2019 年的 0.433 3，增幅 0.204 2，年平均增长率 3.41%，同其他两个区域相比优势十分明显，具有领先的地位。中部地区的发展水平弱于东部地区，但比西部地区的经济高质量发展水平略好一些，中部地区经济高质量发展指数由 2000 年的 0.091 2 逐步增长至 2019 年的 0.228 2，增幅 0.137 0，年平均增长率 4.95%。西部地区在三个区域中处于垫底位置，经济高质量发展指数由 2000 年的 0.080 0 增长至 2019 年的 0.219 5，增幅 0.139 5，年平均增长率 5.46%，经济发展质量较差。总体而言，我国东中西部地区的经济高质量发展整体水平从高到低的顺序为东部地区、中部地区、西部地区。

（4）从南北方来看，2000—2019 年在经济高质量发展整体水平方面，我国南方地区的经济高质量发展指数由 2000 年的 0.132 1 增长至 2019 年的 0.323 1，增幅 0.191，年平均增长率 4.82%。北方地区的发展水平弱于南方地区，但二者在期初的差异较小，甚至北方地区在期初的经济发展质量略高于南方，北方地区经济高质量发展指数由 2000 年的 0.143 2 逐步增长至 2019 年的 0.277 4，增幅 0.134 2，年平均增长率 3.54%。不难看出，我国南方地区的经济高质量发展水平相对较高，逐渐由弱势变为领先地位，并且发展速度要明显高于北方地区。而北方地区经济高质量发展水平近些年已慢慢落后于南方地区，二者之间的发展差距有越来越大的趋势。

第6章 居民消费结构升级对经济高质量发展的影响

居民消费结构升级是中国经济高质量发展的重要支撑（石明明等，2019）。上一章已经利用熵值赋权法测算得出我国经济高质量发展水平，省际和区域之间存在着相当大的差异性，经济高质量发展不平衡性表现明显。消费作为经济增长的重要动力，势必会影响经济发展质量。本章在结合第三章论述的居民消费结构升级对经济高质量发展的影响机理以及上一章测算得到的经济高质量发展指数水平的基础上，实证检验居民消费结构升级对经济高质量发展水平的具体影响、对经济高质量发展不同维度和不同区域的影响。

6.1 计量模型、变量与数据

6.1.1 模型设定

根据前文理论分析，并借鉴现有相关研究，构建计量模型如下：

$$development_{i,t} = \beta_0 + \beta_1 structure_{i,t} + \varphi X + \mu_{i,t} \quad (6-1)$$

$$innovation_{i,t} = \beta_0 + \beta_1 structure_{i,t} + \varphi X + \mu_{i,t} \quad (6-2)$$

$$coordinate_{i,t} = \beta_0 + \beta_1 structure_{i,t} + \varphi X + \mu_{i,t} \quad (6-3)$$

$$green_{i,t} = \beta_0 + \beta_1 structure_{i,t} + \varphi X + \mu_{i,t} \quad (6-4)$$

$$open_{i,t} = \beta_0 + \beta_1 structure_{i,t} + \varphi X + \mu_{i,t} \quad (6-5)$$

$$share_{i,t} = \beta_0 + \beta_1 structure_{i,t} + \varphi X + \mu_{i,t} \quad (6-6)$$

其中，$development$ 表示经济高质量发展综合指数；$innovation$、$coordinate$、$green$、$open$、$share$ 为经济发展质量的五个分维度指数，分别表示创新发展指数、协调发展指数、绿色发展指数、开放发展指数、共享发展指数；$structure$ 表示的是居民消费结构升级水平；i 表示省份；t 表示年份；μ 表示随机扰动项；X 表示控制变量，在模型中引入一系列控制变量以便尽量控制其他因素对经济高质量发展的影响。

经济发展质量是一个不断变化的过程，因此在以上公式中引入被解释变量的一阶滞后项考察其动态变化，构建动态面板模型如下：

$$development_{i,t} = \beta_0 + \beta_1 development_{i,t-1} + \beta_2 structure_{i,t} + \varphi X + \mu_{i,t} \quad (6-7)$$

$$innovation_{i,t} = \beta_0 + \beta_1 innovation_{i,t-1} + \beta_2 structure_{i,t} + \varphi X + \mu_{i,t} \quad (6-8)$$

$$coordinate_{i,t} = \beta_0 + \beta_1 coordinate_{i,t-1} + \beta_2 structure_{i,t} + \varphi X + \mu_{i,t} \quad (6-9)$$

$$green_{i,t} = \beta_0 + \beta_1 green_{i,t-1} + \beta_2 structure_{i,t} + \varphi X + \mu_{i,t} \quad (6-10)$$

$$open_{i,t} = \beta_0 + \beta_1 open_{i,t-1} + \beta_2 structure_{i,t} + \varphi X + \mu_{i,t} \quad (6-11)$$

$$share_{i,t} = \beta_0 + \beta_1 share_{i,t-1} + \beta_2 structure_{i,t} + \varphi X + \mu_{i,t} \quad (6-12)$$

鉴于我国一直存在的城乡二元结构特征（杨水根等，2018，孙皓等，2019），我国城乡居民消费行为具有明显的异质性，城市居民和农村居民的消费不同步，消费结构升级也呈现出异质性特征，有必要对城乡居民消费结构升级分开进行研究。因此，借鉴石明明等人的做法（石明明等，2019），本书区分了城市与乡村样本，并分别对经济高质量发展水平及其五个分维度发展指数水平做回归分析，具体动态面板模型样式如以下两式所示。

$$development_{i,t} = \beta_0 + \beta_1 development_{i,t-1} + \beta_2 urban_structure_{i,t} + \varphi X + \mu_{i,t} \quad (6-13)$$

$$development_{i,t} = \beta_0 + \beta_1 development_{i,t-1} + \beta_2 rural_structure_{i,t} + \varphi X + \mu_{i,t} \tag{6-14}$$

其中，*urban_structure* 表示城市居民消费结构升级水平，*rural_structure* 表示农村居民消费结构升级水平。因经济发展五个分维度的城乡居民样本的计量模型样式与以上两式保持一致，仅把上式中被解释变量（*development*）及被解释变量一阶滞后项（$development_{i,t-1}$）替换成各分维度的代表字母即可，基于文章的简洁性，五个分维度的城乡居民样本计量模型公式在此略去。

6.1.2 变量说明及数据来源

（1）被解释变量：经济高质量发展指数（*development*）以及五个分维度的经济发展质量指数，分别是创新发展指数（*innovation*）、协调发展指数（*coordinate*）、绿色发展指数（*green*）、开放发展指数（*open*）以及共享发展指数（*share*）。根据前面章节采用的熵值赋权法对我国各省、自治区、直辖市经济发展质量水平测度指标测算所得。

（2）核心解释变量：居民消费结构升级（*structure*），由于城乡二元结构导致中国城乡居民消费行为具有异质性，本书区分了城市（*urban_structure*）与乡村（*rural_structure*）样本，并分别与经济高质量发展水平做回归分析。

通过对文献的梳理与分析，笔者发现现有研究对居民消费结构升级的指标选取有所差异，学者们衡量居民消费结构升级指标通常采取的方法可以归纳为以下几种：第一种方法为分类比值法。根据恩格斯的相关消费理论，黄赜琳和秦淑悦（2021）、王虎邦等（2020）、黄隽和李冀恺（2018）、董志勇（2010）等学者依照消费品对人们需求满足的不同作用，把消费类别划归为普通型消费和高层次消费，并用高层次消费支出占总消费支出的比例作为衡量消费结构升级的指标。第二种方法为权重赋值法。王平和王琴梅（2018）、陈冲和吴炜聪（2019）、产健和许正中（2020）等学者对消费结构升级的研究借鉴了产业结构升级衡量方式，把居民消费类别划分为初级消费、中级消费和高级消费三个等级，对三个等级的消费支出占比赋予不同大小的权重，并分别计算三种等级的消费在总消费支出中的比重，加权后得到各地区的居民消费结构升级率。第三种为恩格尔系数法，即用居民恩格尔系数的变化来反映居民消费结构升级状态（薛军民和靳媚2019）。

通过对消费结构升级指标梳理可以看出，虽然不同文献在指标设计上有所差异，但方法大同小异，都是通过划分消费类别后计算某类消费在总消费中的比例作为消费结构升级指数。最终本书借鉴黄赜琳和秦淑悦（2021）、王虎邦等（2020）、黄隽和李冀恺（2018）等人的分析思路，选取交通通信、文化教育娱乐和医疗保健消费支出作为高层次消费，并用高层次消费支出与总消费支出的比值来衡量居民消费结构升级的程度，该比值的变动情况可以表征居民消费结构升级的变化趋势。在本章的稳健性检验部分，选取居民恩格尔系数等其他衡量消费结构升级的指标来替换核心解释变量进行稳健性检验分析。

本书核心解释变量所需的数据主要来自全国统计年鉴和各省市统计年鉴，数据均使用居民消费价格分类指数作为价格指标，以2000年的价格为定基指数进行平减处理。

（3）控制变量：为了尽可能控制其他因素对经济高质量发展的影响，本书还选择了以下控制变量。

基础设施水平（$infrus$），借鉴徐盈之和童皓月（2019）的做法，采用地区道路里程占国土面积比值来衡量。基础设施作为经济发展的先导和基石，能够为居民、企业提供生产生活服务的保障，是各产业正常运行的重要投入品。良好的基础设施投入不仅有利于降低通勤成本和能耗，有利于促进人才、知识等要素的流动，缩减地区间生产要素的流动成本，而且可以通过规模效应和网络效应提高区域内的生产率水平，从而起到推动经济高质量发展的作用。

政府干预度（gov），借鉴林春和孙英杰（2017）的研究，用政府财政支出占GDP比重衡量。政府的财政支出促进了公共产品与服务的建设与提升，好的公共产品与服务水平可以吸引更多高端企业的创立或迁入，带动相关产业发展，增加就业，有助于产业结构优化，促进经济发展。而且对公共产品与服务的投入可以直接改善居民生活质量，有利于发展的协调性和共享性，促进人民对美好生活追求的实现。但财政支出如果使用不当，也可能会对经济发展产生不利的影响，如地方政府对某些产业（如新能源汽车产业）的过度补贴会诱使一些企业产生经济寻租行为，一些不守法规的企业为了获取更多的财政补贴而将大量的财力物力投入维护政企关系之中，而非通过创新来提高竞争力，不利于经济高质量发展。

人力资本水平（*edu*），参考杜伟等（2014）的做法，采用就业人员平均受教育年限来衡量。随着我国经济向高质量发展阶段转变，更加需要高质量的人力资本支撑，一些学者的研究表明，提升人力资本水平有助于提高劳动生产率，从而提升经济效率，对经济发展质量起到良好的促进作用（张同斌，2017）。在刘易斯拐点以前，我国农村拥有大量富余劳动力，并建立起许多接纳更多低技术、廉价劳动力的劳动密集型产业，而随着我国技术的进步和经济的发展以及市场供求关系的变化，我国产业也在逐渐升级，原来的低技能的劳动力已经无法满足经济发展质量提升的要求，此时，“人力资本红利”就成了新时代经济发展的关键动力源泉。

信息化水平（*infor*），借鉴冯献和崔凯（2013）等人的研究思路，用人均邮电业务量来表征信息化水平。信息化水平的提高能够有效促进资源的流动和配置，降低交易成本，增强创新主体的交易效率，有利于技术创新及生产效率的提高，从而提高经济发展质量。

人口密度（*density*），借鉴周清香（2021）的研究成果，用单位国土面积人口数量来表征。人口密度对经济发展质量有利的一面是随着人口集聚，可以形成规模效应，能够更好地发挥知识溢出和技术扩散功能，有效降低新技术边际成本和研发风险，提高经济发展效率，推动产业结构朝着高端化、智能化方向发展。但另一方面，人口密度过高也可能会对区域内生态环境造成压力，增加环境治理成本，对绿色发展造成负面影响。

金融发展水平（*finance*），借鉴李稻葵等（2016）的研究，用金融机构贷款余额占GDP比重来表征。金融发展水平高低会对经济发展质量产生影响，这已经在学者的相关研究中证实（李稻葵等，2016；杨楠和马绰欣，2017）。金融发展水平与经济发展的金融配置效率密切相关，而资金配置效率又影响着经济发展质量的好坏。因此，笔者将其纳入本书的控制变量中。

考虑到西藏自治区的数据缺失较多以及港澳台地区数据搜集的困难性，本书在研究中剔除了以上几个省份，最终采用中国大陆地区30个省份2000—2019年的面板数据作为本书的研究样本。相关数据主要来自历年的《中国统计年鉴》《中国科技统计年鉴》《中国工业统计年鉴》等各类统计年鉴，以及Wind数据库等其他数据库所收集到的数据，若某些省份有缺失的数据，本书采用插值法进行了完善。表6-1为变量数据的描述性统计分析。

表6-1　描述性统计分析

变量	样本值	平均值	标准差	最小值	最大值
development	600	0.204 0	0.144 0	0.014 2	0.830 2
innovation	600	0.149 0	0.120 5	0.040 8	0.961 7
coordinate	600	0.239 6	0.120 5	0.062 9	0.815 9
green	600	0.256 9	0.079 4	0.123 5	0.774 9
open	600	0.170 3	0.166 8	0.009 4	0.747 2
share	600	0.233 0	0.101 7	0.061 2	0.575 3
urban_structure	600	0.319 2	0.032 5	0.225 1	0.417 7
rural_structure	600	0.284 8	0.056 4	0.138 5	0.449 2
infrus	600	0.735 8	0.482 9	0.021 1	2.115 0
gov	600	0.204 2	0.094 8	0.068 9	0.628 4
edu	600	8.948 7	1.246 7	5.961 0	13.901 0
infor	600	0.194 9	0.224 0	0.009 5	1.691 4
finance	600	1.194 9	0.410 3	0.532 9	2.584 7
density	600	0.043 4	0.062 0	0.000 7	0.382 9

6.2 实证结果与分析

6.2.1 城市居民消费结构升级对经济发展质量的影响

由于动态面板模型中有被解释变量的滞后项作为解释变量，从而使扰动项和自变量相关，产生内生性问题，在此情况下，面板数据 OLS 估计、随机效应的 GLS 估计和固定效应的 LSDV 估计都会导致参数估计值的结果是有偏的、非一致的估计量。在样本量为大 N 小 T 的情况下，利用基于 GMM 的工具变量估计法往往更加有效。DIF－GMM（差分 GMM）由 Arellano 等（1991）提出，但相关研究表明，SYS－GMM（系统 GMM）是一种优于 DIF－GMM 的估计方法（Soto，2009），特别是在存在弱工具变量问题时，SYS－GMM 估计更有效。

因此，本书运用 stata16 软件，采用 SYS－GMM 对模型进行估计。首先利用 SYS－GMM 方法来考察城市居民消费结构升级对经济高质量发展指数的影响，接着对创新发展、协调发展、绿色发展、开放发展及共享发展五个分维度指数进行了估计。同时，利用 Arellano 和 Bover（1995）提出的两种检验方法对工具变量和估计结果的有效性进行检验。一是序列相关检验 AR（1）和 AR（2），该检验用于判别模型的扰动项是否存在自相关，原假设是差分方程的扰动项不存在自相关，当检验结果为不存在序列相关时，则模型估计的结果是有效的。二是 Sargan 检验，主要是为了判断工具变量是否整体有效，原假设为模型中工具变量的选取是有效的。检验结果如表 6－2 底部所示，各模型的 AR（1）检验的 p 值均小于 10%，AR（2）检验和 Sargan 检验的 p 值均大于 10%，检验结果表明模型设定是合理的。

具体从回归结果看，表 6－2 中的模型（1）是城市居民消费结构升级对经济高质量发展指数的估计结果，由结果可知城市居民消费结构升级对经济高质量发展的系数为显著的正值，说明城市居民消费结构升级总体上有利于推动我国经济的高质量发展。在一系列控制变量的回归结果中，基础设施水平的估计系数显著为正，说明基础设施建设的完善能够显著提升经济高质量发展水平。基础设施是经济运行的重要保障，为各种生产活动提供便利，增强地区之间的相互联系，便捷人流与物流，降低地区间生产要素的流动成本，有利于增强市场活力。人力资本水平在模型中的估计系数显著为正，说明人力资本水平越好的地区，越有利于经济高质量发展。本地区的人力资本水平越高，越能够解决产业尤其是高端产业的人才缺口等问题，有利于产业高端化，从而有利于促进地区经济高质量发展。人口密度在模型中的结果显著为正，说明人口密度越高，越有利于集聚经济的实现，能够充分发挥规模效应。而且人口越聚集，思想交流会越便捷，各种新思维、新知识更容易传播，对创新等形成有利的环境，最终起到提升经济发展质量的作用。

从分维度回归结果来看，模型（2）是城市居民消费结构升级对创新发展指数的回归结果，由显著为正的系数值可知，城市居民消费结构升级有利于创新发展水平的提升。经济的创新动力主要来源于产业的需求，产业的创新需求又决定于消费的需求，没有消费升级的动力，就没有产业创新的发展动力。因此，城市居民消费结构升级通过影响产业的发展，进而影响到创新的发展，使研发创新具有充分的市场环境和动力，最终，城市居民消费结构升级促进了经济的创新发展水平。模型（3）是城市居民消费结构升级对协调发展指数的回归结果，结果显示估计系数不显著，没有通过检验的原因可能是在决定经济协调发展的众多因素中，城市居民消费结构升级的驱动作用还不够突出，并未有效发挥对经济协调发展的推动作用。模型（4）是城市居民消费结构升级对绿色发展指数的回归结果，结果显示，城市居民消费结构升级对绿色发展具有显著的促进作用。由于居民消费结构升级使代表高层次的服务型消费占比增加，物质型消费占比相应将会减少，而服务型产业一般具有低能耗、低污染等环境友好型特征，这会缓解经济发展对生态环境造成的压力，从而可以显著促进经济的绿色发展。模型（5）是城市居民消费结构升级对开放发展指数的回归结果，显著为正的系数说明了城市居民的消费结构升级有利于提升开放发展水平与质量。由于城市居民消费结构升级产生了新的、更高级的消费需求，国内一些产业限于技术与服务等因素可能一时无法满足这种需求，居民需求缺口的满足只能诉诸国外力量，从而提升了进口产品的规模和质量，吸引了更多的外资投资。另外，受到经济利益的驱使，国内产业会在技术及服务上进行学习和追赶，从而提高了国内产品和服务的国际竞争力，有利于国家间的技术交流与出口，最终促进了经济的开放发展。模型（6）是城市居民消费结构升级对共享发展指数的回归结果，结果显示城市居民消费结构升级对经济共享发展的影响系数不显著。没有通过检验的可能原因是现阶段的城市居民消费结构升级对经济共享发展的助推作用还不够明显。

表 6－2　城市居民消费结构升级对经济发展质量影响的估计结果

变量	模型（1） *development*	模型（2） *innovation*	模型（3） *coordinate*	模型（4） *green*	模型（5） *open*	模型（6） *share*
L. development	0.956*** (33.50)					
L. innovation		1.175*** (22.57)				
L. coordinate			0.961*** (25.07)			
L. green				0.193** (2.46)		
L. open					0.932*** (25.53)	
L. share						0.697*** (6.71)
urban_structure	0.123*** (4.11)	0.127*** (3.32)	−0.031 (−1.59)	0.341*** (3.25)	0.134** (2.57)	0.045 (1.15)
infrus	0.006*** (2.67)	0.005** (2.41)	0.003** (2.32)	−0.007 (−0.74)	−0.002 (−0.99)	0.031*** (3.75)

（续）

变量	模型（1） *development*	模型（2） *innovation*	模型（3） *coordinate*	模型（4） *green*	模型（5） *open*	模型（6） *share*
gov	−0.000 (−0.03)	0.048*** (3.06)	0.006 (0.28)	0.112* (1.73)	−0.044 (−1.60)	0.134*** (3.88)
edu	0.002* (1.70)	0.001 (0.40)	0.002*** (3.04)	0.007** (2.07)	0.000* (1.80)	0.005*** (3.11)
infor	−0.004 (−0.76)	−0.045*** (−6.65)	0.010** (2.22)	−0.005 (−0.36)	−0.011* (−1.73)	0.043*** (3.06)
finance	0.006 (1.28)	−0.004 (−0.68)	0.004 (0.64)	−0.005 (−0.35)	0.007 (0.98)	0.004 (0.69)
density	0.044** (2.27)	−0.068* (−1.72)	−0.011 (−0.48)	0.046 (0.75)	0.138*** (2.82)	−0.042** (−1.99)
_cons	−0.054*** (−4.17)	−0.062*** (−4.11)	−0.007 (−0.93)	0.025 (0.65)	−0.030* (−1.67)	−0.042** (−2.05)
N	570	570	570	570	570	570
AR（1）	0.007	0.000	0.006	0.074	0.059	0.008
AR（2）	0.243	0.686	0.982	0.228	0.757	0.759
sargan	0.885	0.471	0.843	0.417	0.893	0.493

注：***、**、*分别代表在1%、5%、10%的水平上通过显著性检验。

6.2.2 农村居民消费结构升级对经济发展质量的影响

本书首先考察了农村居民消费结构升级对经济高质量发展指数的影响，接着对创新发展、协调发展、绿色发展、开放发展和共享发展五个分维度指数进行估计，在回归之前首先利用 Arellano 和 Bover（1995）提出的两种检验方法分别对工具变量和估计结果的有效性进行鉴别。检验结果如表 6－3 的底部所示，各模型的 AR（1）检验的 p 值均小于 10%，AR（2）检验和 Sargan 检验的 p 值均大于 10%，检验结果表明模型设定是合理的。

具体从回归结果来看，表 6－3 中的模型（1）是农村居民消费结构升级对经济高质量发展指数的回归结果，结果显示农村居民消费结构升级对经济高质量发展的回归系数为显著正值，说明农村居民消费结构升级对经济高质量发展具有显著的促进作用。在城市居民的示范效应下，消费观念和意识可以较快地向农村居民扩散，城市居民消费结构的变化会对周边农村地区居民消费观念和行为产生影响，农村地区的居民在消费结构上会对城市居民进行模仿与追赶，努力与城市居民消费结构保持一致，因此农村居民消费结构升级同样有利于经济发展质量的提升。在一系列控制变量中，人力资本水平、基础设施水平以及人口密度在农村居民消费结构升级模型中的结果显著为正，说明这些控制变量能显著提升经济高质量发展水平。

从分维度回归结果来看，模型（2）是农村居民消费结构升级对创新发展指数的回归结果，由结果可知，农村居民消费结构升级对创新发展影响的估计系数为显著的正值，说明其可以促进创新的发展，农村居民的消费结构优化升级同样为创新发展带来了更大的市场规模，有利于新产品、新技术的顺利研发和投入市场。模型（3）是农村居民消费结构升级对协调发展指数的回归结果，根据显著为正值的系数可知，农村居民消费结构升级有利于协调发展，农村居民消费结构升级使优质消费品下沉到农村，有利于产业的协调发展。与此同时，农村消费市场的扩大带动了基础设施等公共服务水平的提升，使得城乡之间的时空距离压缩，缩小了城乡之间的差距，有利于城乡协调发展。模型（4）是农村居民消费结构升级对绿色发展指数的估计结果，由结果可知农村居民消费结构升级对绿色发展的估计系数显著为正，这说明农村居民消费结构升级使服务型消费占比提升，同样能够促进生态环境质量的提升，有利于绿色发展。模型（5）是农村居民消费结构升级对开放发展指数的回归结果，回归结果不显著，可能是在众多影响因素中，农村居民消费结构升级对开放发展的作用还不够明显。模型（6）是农村居民消费结构升级对共享发展指数的回归结果，由结果可知，农村居民消费结构升级对经济共享发展影响系数的估计系数为显著的正值，这说明其对经济的共享发展同样具有促进作用。农村居民消费结构升级可以增强地区经济活力，促进财富增值和就业水平，从而有利于地区的共享发展。

表 6-3　农村居民消费结构升级对经济发展质量影响的估计结果

变量	模型（1） *development*	模型（2） *innovation*	模型（3） *coordinate*	模型（4） *green*	模型（5） *open*	模型（6） *share*
L. development	0.968*** (32.19)					
L. innovation		1.182*** (22.20)				
L. coordinate			0.935*** (26.31)			
L. green				0.142* (1.85)		
L. open					0.887*** (12.68)	
L. share						0.734*** (4.73)
rural_structure	0.032** (2.11)	0.053** (2.21)	0.031** (2.54)	0.198* (1.89)	−0.037 (−1.20)	0.166* (1.88)
infrus	0.004* (1.91)	0.004* (1.78)	0.002 (1.48)	−0.010 (−0.96)	0.001 (0.22)	0.026** (2.56)
gov	−0.005 (−0.33)	0.041*** (2.84)	−0.005 (−0.25)	0.090*** (2.95)	−0.066** (−2.27)	0.110*** (2.90)
edu	0.002*** (3.68)	0.000 (0.17)	0.003*** (2.86)	0.006* (1.80)	0.000 (0.00)	0.004** (2.08)
infor	−0.005 (−0.89)	−0.047*** (−7.18)	0.009* (1.88)	−0.013 (−0.89)	−0.001** (−1.74)	0.031 (1.64)
finance	0.006 (1.39)	−0.002 (−0.47)	0.006 (0.88)	0.004 (0.26)	0.016** (2.56)	0.000 (0.02)
density	0.040* (1.65)	−0.063 (−1.50)	0.016* (1.72)	0.059* (1.95)	0.178* (1.91)	−0.010 (−0.39)
_cons	−0.023** (−2.57)	−0.034*** (−3.07)	−0.021*** (−3.46)	0.094*** (2.74)	0.019 (1.26)	−0.056** (−1.96)
N	570	570	570	570	570	570
AR（1）	0.007	0.000	0.006	0.084	0.043	0.007
AR（2）	0.250	0.741	0.863	0.256	0.778	0.734
sargan	0.837	0.584	0.813	0.272	0.105	0.153

注：***、**、* 分别代表在 1%、5%、10%的水平上通过显著性检验。

6.3 分区域实证结果与分析

6.3.1 东中西部地区实证结果与分析

我国东中西部地区在资源禀赋、产业结构、环境治理等方面存在差异，导致了各地区经济发展质量存在显著差异，为了进一步考察城乡居民消费结构升级对东中西部地区经济高质量发展的影响差异性，本书基于公式（6-13）和（6-14）分别检验居民消费结构升级对东中西部三个地区经济高质量发展指数的具体影响。在回归前首先利用 Arellano 和 Bover（1995）提出的两种检验方法分别对模型选择的工具变量以及估计结果的有效性进行鉴别，检验结果如表 6-4 底部所示，各模型的 AR（1）检验的 p 值均小于 10%，AR（2）检验和 Sargan 检验的 p 值均大于 10%，检验结果表明模型设定是合理的。

对东中西部地区经济高质量发展具体回归结果见表 6-4。模型（1）、模型（3）和模型（5）分别是城市居民消费结构升级对东中西部地区的经济高质量发展影响的回归结果，从回归结果可以看出，城市居民消费结构升级对东中西部三大地区的经济高质量发展均具有显著的正向促进作用。而且，从系数的大小来看，城市居民消费结构升级对中部地区经济高质量发展指数的影响最为明显，西部地区次之，东部地区系数最小。中部地区的估计系数值最大，可能是因为城市居民消费结构升级更有利于提升中部地区相关产品的市场空间，可以吸引更多优质产业前来布局，从而有利于改善中部地区的产业结构，促进了创新与产业结构优化升级，有利于经济高质量发展。西部地区城市居民消费结构升级对经济高质量发展指数同样产生了显著的正向作用，一直以来西部地区重工业发达，居民消费结构升级有助于改善当地的产业结构，提升产业效率，从而有利于经济高质量发展。东部地区是我国经济最发达的区域，城市居民可支配收入较高，购买力非常强大，城市居民消费的结构升级可以促进东部地区产业向高端化发展，从而带来了本地区的经济高质量发展。但与此同时，东部地区也是消费主义盛行的地区，过度消费，炫耀性消费在城市居民中表现地更为明显，不利于节约资源，可能一定程度上削弱了对经济高质量发展的促进作用，因此东部地区的估计系数值在三个地区中是最小的。

模型（2）、模型（4）和模型（6）分别是农村居民消费结构升级对东中西部地区经济高质量发展影响的回归结果。由模型（2）可知，东部地区的农村居民消费结构升级对经济高质量发展的回归结果不显著。由模型（4）可知，中部地区的农村居民消费结构升级对经济高质量发展的影响系数为显著的正值，中部地区的许多省份一直是我国的人口输出大省，大批的农业转移人口形成了在其他发达地区赚钱、在家乡消费的模式，把大量的财富带到了家乡，促进了家乡消费市场的繁荣，农村居民消费结构升级可以激发本地的经济活力，带动产业升级，从而有利于中部地区经济的高质量发展。由模型（6）可知，西部地区的农村居民消费结构升级对经济高质量发展影响的估计结果为显著的正值，西部地区农村居民的收入相对较低，相比于东部地区的农村居民，其在消费结构升级上可能会采取更务实的方式，即对消费结构升级的追求是相对理性的、非炫耀性的，从而有利于节约资源，更好地促进当地经济的高质量发展。

表 6-4　东中西部地区居民消费结构升级对经济高质量发展影响的估计结果

变量	东部		中部		西部	
	模型（1）	模型（2）	模型（3）	模型（4）	模型（5）	模型（6）
L.development	0.901*** (24.26)	0.974*** (50.99)	0.833*** (6.67)	0.736*** (5.59)	0.708*** (3.03)	0.570** (2.43)
urban_structure	0.134*** (3.09)		0.158*** (4.50)		0.140*** (3.24)	
rural_structure		0.006 (0.12)		0.108*** (2.64)		0.249** (2.33)
infrus	0.004 (0.65)	0.000 (0.01)	0.013* (1.74)	0.017* (1.72)	0.037* (1.67)	0.038** (2.08)
gov	−0.024* (−1.65)	−0.029* (−1.72)	0.091 (1.46)	0.089 (1.45)	−0.015 (−0.49)	0.005 (0.22)

（续）

变量	东部		中部		西部	
	模型（1）	模型（2）	模型（3）	模型（4）	模型（5）	模型（6）
edu	0.001 (0.97)	0.001 (1.28)	0.001** (2.52)	0.002** (2.07)	0.007*** (3.53)	0.006* (1.83)
infor	0.015* (1.67)	0.005** (1.97)	−0.009* (−1.72)	−0.006 (−0.95)	−0.001* (−1.71)	−0.002* (−1.74)
finance	0.014** (2.49)	0.007 (1.09)	0.004 (0.30)	0.007 (0.61)	0.005** (1.970)	−0.008 (−1.21)
density	0.082*** (3.85)	0.045*** (3.62)	−0.070 (−0.29)	−0.116* (−1.94)	−0.889 (−1.34)	−0.425 (−1.18)
_cons	−0.046* (−1.88)	−0.000 (−0.04)	−0.054*** (−3.97)	−0.036*** (−3.35)	−0.067*** (−2.65)	−0.062** (−2.06)
N	209	209	152	152	209	209
AR (1)	0.030	0.040	0.039	0.051	0.037	0.033
AR (2)	0.188	0.353	0.121	0.174	0.147	0.170
sargan	0.118	0.7230	0.872	1.000	0.199	0.153

注：***、**、*分别代表在1%、5%、10%的水平上通过显著性检验。

6.3.2 南北方地区实证结果与分析

近些年南北经济差距的扩大已经是不争的事实（杨明洪 2020），无论是学术研究还是现实数据情况都证明了近些年我国南北方地区经济差异呈现出逐渐扩大的趋势，北方部分地区生产总值增速、工业增加值增速等指标出现一些回落，而南方地区则延续着相对较好的平稳发展趋势，南北差距扩大逐渐成为我国区域发展面临的新问题。那么居民消费结构升级是否对南北方地区经济发展质量有不同的影响？为了进一步考察居民消费结构升级对南方地区、北方地区经济高质量发展的影响差异，本书基于公式（6－13）和（6－14）分别检验居民消费结构升级对南北方地区经济高质量发展指数的影响。首先利用 Arellano 和 Bover（1995）提出的检验方法对估计结果与工具变量进行有效性检验，检验结果如表 6－5 底部所示，各模型的 AR（1）检验的 p 值均小于 10%，AR（2）检验和 Sargan 检验的 p 值均大于 10%，检验结果表明模型设定是合理的。

对南北方地区经济高质量发展的具体回归结果见表 6-5。由结果可知，无论是城市还是农村，居民消费结构升级对南北方地区的经济高质量发展都起到了显著的正向作用。有所区别的是，北方地区的城乡居民消费结构升级对经济高质量发展的回归系数均大于南方。可能的原因是，居民消费结构升级的方向是由物质型向服务型消费发展，在增速换挡的阶段，面对北方地区偏于重化工业的产业结构，居民消费结构升级更能发挥促进产业结构升级的效应，居民消费结构升级给北方地区的产业结构优化带来了更多的压力和动力，因此更有利于增强北方地区的环境治理投资，推动企业技术创新，更能促进经济提质增效。另外，就目前发展情况来看，南方地区经济高质量发展水平较高，北方地区经济高质量发展水平与南方相比有更大的进步空间，因此居民消费结构升级对北方地区经济高质量发展的边际贡献更大，边际推动作用较强，对北方地区经济高质量发展的影响系数值也就比南方地区的影响系数值要大。

表 6-5 南北方居民消费结构升级对经济高质量发展影响的估计结果

变量	南方		北方	
	模型（1）	模型（2）	模型（3）	模型（4）
L. development	0.950*** (33.92)	0.928*** (20.00)	0.740*** (6.79)	0.707*** (7.39)
urban_structure	0.095*** (2.87)		0.205*** (3.65)	
rural_structure		0.081*** (4.21)		0.178*** (2.66)
infrus	0.007*** (4.04)	0.005** (2.34)	−0.007 (−0.81)	−0.015 (−1.33)
gov	−0.023 (−1.37)	−0.036 (−1.61)	0.035 (1.12)	0.033 (1.04)
edu	0.002*** (3.23)	0.002*** (2.74)	0.008** (2.24)	0.008*** (3.09)

（续）

变量	南方		北方	
	模型（1）	模型（2）	模型（3）	模型（4）
infor	0.002 (0.29)	0.002 (0.20)	−0.008 (−0.87)	−0.011 (−1.60)
finance	0.010** (2.28)	0.011** (2.53)	0.013* (1.79)	0.013* (1.80)
density	0.028 (1.21)	0.059 (1.57)	0.672** (2.09)	0.892** (2.27)
_cons	−0.043*** (−3.32)	−0.027*** (−5.69)	−0.124*** (−4.40)	−0.108*** (−2.85)
N	285	285	285	285
AR（1）	0.016	0.012	0.015	0.017
AR（2）	0.104	0.106	0.115	0.191
sargan	0.560	0.791	0.157	0.202

注：***、**、*分别代表在1%、5%、10%的水平上通过显著性检验。

6.4 稳健性检验

6.4.1 替换解释变量

基于考察上述居民消费结构升级对经济高质量发展的影响结论是否具有稳健性的目的，本书首先用城乡居民的恩格尔系数替换解释变量来进行稳健性检验。因为恩格尔系数是一个逆向指标，即恩格尔系数的值越小，居民消费结构升级水平就越高，恩格尔系数的值越大，居民消费结构升级水平就越低，因此为了使回归系数的方向与上文结果具有可比性，在稳健性检验模型中取恩格尔系数的倒数来表征居民消费结构升级变量，从而与前文解释变量的变化方向保持一致。回归的具体结果见表6-6。由结果可知，无论是城市居民消费结构升级还是农村居民消费结构升级，其对经济高质量发展的影响系数均为显著的正值，这与前文得到的结论保持了一致。

表 6-6　稳健性检验：替换解释变量

变量	模型（1）	模型（2）
L. development	0.966*** (31.18)	0.964*** (31.47)
urban_structure	0.001* (1.66)	
rural_structure		0.003*** (3.74)
infrus	0.004** (2.31)	0.004* (1.78)
gov	−0.006 (−0.40)	−0.009 (−0.57)
edu	0.002* (1.86)	0.002* (1.65)
infor	−0.004 (−0.83)	−0.005 (−0.86)
finance	0.008* (1.65)	0.007* (1.73)
density	0.035 (1.54)	0.043* (1.69)
_cons	−0.021** (−2.36)	−0.021** (−2.35)
N	570	570
AR（1）	0.007	0.007
AR（2）	0.226	0.227
sargan	0.859	0.833

注：***、**、* 分别代表在 1%、5%、10%的水平上通过显著性检验。

6.4.2 更换模型

本书用 DIF-GMM（差分 GMM）代替 SYS-GMM（系统 GMM）进一步对上文主要结论进行稳健性检验，具体结果见表 6-7。由结果可知，更换模型后，无论是城市居民消费结构升级还是农村居民消费结构升级，其对经济高质量发展的影响系数均为显著的正值，这与前文得到的结论保持了一致。

表 6-7　稳健性检验：DIF-GMM 模型

变量	模型（1）	模型（2）
L. development	0.879*** (29.32)	0.643*** (38.97)
urban_structure	0.315*** (15.52)	
rural_structure		0.234*** (14.88)
infrus	−0.005 (−1.12)	0.009* (1.66)
gov	0.091*** (4.02)	0.126*** (4.73)
edu	0.001 (1.59)	0.001** (2.53)
infor	−0.004 (−1.26)	0.006** (2.16)
finance	0.009*** (4.91)	−0.003 (−1.03)
density	0.664*** (8.78)	1.143*** (16.00)
N	540	540
AR（1）	0.006	0.010
AR（2）	0.286	0.840
sargan	0.194	0.346

注：***、**、*分别代表在1%、5%、10%的水平上通过显著性检验。

6.5 进一步讨论：居民消费结构升级对经济高质量发展影响的非线性关系

上述的实证结果表明，无论是城市居民消费结构升级还是农村居民消费结构升级都能显著促进经济高质量发展，但回归结果的系数值有所差异，而且对经济高质量发展的影响具有明显的区域异质性。为了能更深刻理解二者之间的内在关系，有必要进一步考察居民消费结构升级对经济高质量发展影响是否存在“U”形或倒“U”形非线性特征。在公式（6－13）和（6－14）基础上引入居民消费结构升级平方项，构建如下动态面板模型：

$$development_{i,t} = \beta_0 + \beta_1 development_{i,t-1} + \beta_2 urban_structure_{i,t} + \beta_3 urban_structure_{i,t}{}^2 + \varphi X + \mu_{i,t} \quad (6-15)$$

$$development_{i,t} = \beta_0 + \beta_1 development_{i,t-1} + \beta_2 rural_structure_{i,t} + \beta_3 rural_structure_{i,t}{}^2 + \varphi X + \mu_{i,t} \quad (6-16)$$

其中，*development* 代表高质量发展水平；*urban_structure* 表征城市居民消费结构水平；$urban_structure^2$ 表征城市居民消费结构水平的平方项；*rural_structure* 表征农村居民消费结构水平；$rural_structure^2$ 表征农村居民消费结构水平的平方项；其他字母含义与前文分析相一致，在模型中引入基础设施、政府干扰度、人力资本水平、信息化、金融发展水平、人口密度等作为控制变量以控制对经济高质量发展的影响。

从表 6－8 的具体检验结果来看，模型（1）是城市居民消费结构升级对经济高质量发展影响的估计结果，结果表明，虽然城市居民消费结构升级平方项的系数值为负，但回归结果不显著。模型（2）是农村居民消费结构升级对经济高质量发展影响的估计结果，由结果可知农村居民消费结构升级平方项的系数显著为负，说明与经济高质量发展存在着倒“U”形非线性关系。基于以上检验结果，城市居民消费结构升级对经济高质量发展的作用是否具有非线性关系不明确，但当农村居民消费结构升级达到一定的水平值后，其对经济高质量发展的驱动将会变为负效应。主要原因可能是农村居民消费结构升级对标的是城市居民，但农村居民收入低，消费能力弱，面对全社会的消费面子竞争，与城市居民的消费攀比行为会使农民消费结构升级存在更多的不理智行为，且加之诸如基础设施建设等农村公共服务较为落后等因素，农村居民的消费效率比城市居民要差，从而在消费结构升级水平提升到一定程度后反而不利于经济高质量发展。

表 6-8　居民消费结构升级对经济高质量发展影响的非线性检验结果

变量	模型（1）	模型（2）
L. development	0.967*** (33.49)	0.950*** (39.38)
urban_structure	0.401* (1.91)	
$urban_structure^2$	−0.444 (−0.88)	
rural_structure		0.691* (1.92)
$rural_structure^2$		−1.115* (−1.82)
infrus	0.005*** (2.81)	0.004** (2.05)
gov	−0.001 (−0.06)	−0.007 (−0.62)
edu	0.002** (2.47)	0.002* (1.82)
infor	−0.003 (−0.58)	0.001 (0.24)
finance	0.004 (1.02)	0.008* (1.85)
density	0.038* (1.93)	0.044** (2.42)
_cons	−0.094* (−1.76)	−0.114** (−2.35)
N	570	570
AR（1）	0.005	0.007
AR（2）	0.250	0.275
sargan	0.935	1.000

注：***、**、*分别代表在1%、5%、10%的水平上通过显著性检验。

6.6 本章小结

本章以2000—2019年全国30个省（自治区、直辖市）的面板数据为基础，在构建SYS-GMM模型的基础之上分别实证分析了城市居民消费结构升级、农村居民消费结构升级对经济高质量发展的具体影响。得出了以下结论：①城市和农村居民消费结构升级对经济高质量发展的回归系数都具有显著为正的结果，说明现阶段城乡居民消费结构升级可以促进经济高质量发展。另外，结果表明，城市居民消费结构升级对经济高质量发展的影响系数比农村居民消费结构升级对经济高质量发展的影响系数更大。从分维度上来看，城市居民消费结构升级对创新发展、绿色发展、开放发展具有显著的促进作用，但是对协调发展和共享发展的影响在模型中不显著；农村居民消费结构升级对创新发展、协调发展、绿色发展以及共享发展起到了正向的促进作用，但是对开放发展的影响在模型中不显著。②从东中西部异质性分析来看，城市居民消费结构升级对东中西部地区经济高质量发展均起到了显著的促进作用，农村居民消费结构升级对中西部地区经济发展质量提升具有显著的促进作用，但是对东部地区的影响并不显著。③从南北异质性来看，城乡居民消费结构升级对南方地区和北方地区经济高质量发展都起到了显著的正向促进作用，但是对北方地区的回归系数值更大，对南方地区的回归系数值更小。④进一步拓展研究结果显示，农村居民消费结构升级对经济高质量发展指数的影响具有倒“U”形关系，城市居民消费结构升级的平方项虽然也为负数，但结果不显著。

第 7 章 居民消费品质升级对经济高质量发展的影响

中国目前有超过 4 亿人的中等收入群体（宁吉喆，2019），并且这一群体的规模随着经济的发展在持续扩大，收入的大幅增长使我国居民消费正处于从“有”向“优”的消费品质升级过程之中。居民消费品质的升级有利于促进我国形成强大国内市场，提升市场中产品的整体品质，对推动经济高质量发展具有重要的意义。

本章在第五章已经测算得到的经济高质量发展指数水平及各分维度指数水平的基础上，基于第三章的理论分析来实证检验居民消费品质升级对经济高质量发展综合指数的具体影响，并对居民消费品质升级对经济高质量发展各分维度、不同区域的影响做出进一步实证检验。

7.1 计量模型、变量与数据

7.1.1 模型设定

根据前文理论分析，并借鉴现有相关研究，构建计量模型如下：

$$development_{i,t} = \beta_0 + \beta_1 quality_{i,t} + \varphi X + \mu_{i,t} \tag{7-1}$$

$$innovation_{i,t} = \beta_0 + \beta_1 quality_{i,t} + \varphi X + \mu_{i,t} \tag{7-2}$$

$$coordinate_{i,t} = \beta_0 + \beta_1 quality_{i,t} + \varphi X + \mu_{i,t} \tag{7-3}$$

$$green_{i,t} = \beta_0 + \beta_1 quality_{i,t} + \varphi X + \mu_{i,t} \tag{7-4}$$

$$open_{i,t} = \beta_0 + \beta_1 quality_{i,t} + \varphi X + \mu_{i,t} \tag{7-5}$$

$$share_{i,t} = \beta_0 + \beta_1 quality_{i,t} + \varphi X + \mu_{i,t} \tag{7-6}$$

其中，*development* 表示经济高质量发展综合指数；*innovation*、*coordinate*、*green*、*open*、*share* 为经济发展质量的五个分维度指数，分别表示创新发展指数、协调发展指数、绿色发展指数、开放发展指数和共享发展指数；*quality* 表示居民消费品质升级水平；i 表示省份；t 表示年份；μ 表示扰动项；X 表示控制变量，在模型中引入政府干预度、人力资本水平、信息化水平、基础设施、金融发展水平、人口密度等控制变量以便尽量控制其他因素对经济高质量发展的影响。

因经济发展质量是一个不断变化的过程，基于此，在以上公式中引入被解释变量的一阶滞后项考察其动态变化，构建动态面板模型如下：

$$development_{i,t} = \beta_0 + \beta_1 development_{i,t-1} + \beta_2 quality_{i,t} + \varphi X + \mu_{i,t} \tag{7-7}$$

$$innovation_{i,t} = \beta_0 + \beta_1 innovation_{i,t-1} + \beta_2 quality_{i,t} + \varphi X + \mu_{i,t} \tag{7-8}$$

$$coordinate_{i,t} = \beta_0 + \beta_1 coordinate_{i,t-1} + \beta_2 quality_{i,t} + \varphi X + \mu_{i,t} \tag{7-9}$$

$$green_{i,t} = \beta_0 + \beta_1 green_{i,t-1} + \beta_2 quality_{i,t} + \varphi X + \mu_{i,t} \tag{7-10}$$

$$open_{i,t} = \beta_0 + \beta_1 open_{i,t-1} + \beta_2 quality_{i,t} + \varphi X + \mu_{i,t} \tag{7-11}$$

$$share_{i,t} = \beta_0 + \beta_1 share_{i,t-1} + \beta_2 quality_{i,t} + \varphi X + \mu_{i,t} \tag{7-12}$$

鉴于我国城乡二元结构的存在（杨水根等，2018，孙皓等，2019），城乡居民消费行为具有异质性，城市居民和农村居民的消费不同步，消费升级水平也呈现异质性特征，有必要对城乡居民消费品质升级分开进行研究。借鉴石明明等人的做法（石明明等，2019），本书区分了城市与乡村样本，并分别对经济高质量发展指数水平及其五个分维度发展指数水平做回归分析，具体动态面板模型样式如下式所表示。

$$development_{i,t} = \beta_0 + \beta_1 development_{i,t-1} + \beta_2 urban_quality_{i,t} + \varphi X + \mu_{i,t} \quad (7-13)$$

$$development_{i,t} = \beta_0 + \beta_1 development_{i,t-1} + \beta_2 rural_quality_{i,t} + \varphi X + \mu_{i,t} \quad (7-14)$$

其中，*urban_quality* 表示城市居民消费品质升级水平，*rural_quality* 表示农村居民消费品质升级水平。

7.1.2 变量说明及数据来源

（1）被解释变量：经济高质量发展综合水平（*development*）以及五个分维度的经济发展质量指数，分别为创新发展指数（*innovation*）、协调发展指数（*coordinate*）、绿色发展指数（*green*）、开放发展指数（*open*）和共享发展指数（*share*），根据第五章采用的熵值赋权法对我国各省、自治区、直辖市经济高质量发展水平测度指标测算所得。

（2）核心解释变量：居民消费品质升级（*quality*），通过梳理大量文献发现，居民消费品质的提升主要体现为消费者对商品与服务的消费从低端转变为中高端的过程。对于居民消费品质升级，部分学者以耐用品的消费变动来衡量（臧旭恒，2012；黄宇，2008），但在最近几年统计年鉴里已不再对耐用品等细分类别进行统计，因此无法使用这一衡量指标。一般而言，人们只能一日三餐、一身一衣，衣、食、住的数量随时间变动幅度较小，同时，考虑到居民在衣、食、住方面的支出占总消费支出的份额较高，剔除价格因素后，居民在食品支出、衣着支出、居住支出等生存型基础消费方面支出的增长率变化可以比较客观地反映消费品质升级。因此，借鉴张喜艳和刘莹（2020）、蒋团标和张亚萍（2021）等人的研究成果，居民消费品质升级（*quality*）以食品支出、衣着支出、居住支出等生存型基础消费支出的增长率来衡量。具体计算公式为：

$$quality_{i,t} = [(food_{i,t} + cloth_{i,t} + residence_{i,t}) - (food_{i,t-1} + cloth_{i,t-1} + residence_{i,t-1})]/(food_{i,t-1} + cloth_{i,t-1} + residence_{i,t-1}) \quad (7-15)$$

由于城乡二元结构导致中国城乡居民消费行为具有异质性，本书还区分了城市（*urban_quality*）与乡村（*rural_quality*）样本，并分别与经济高质量发展水平做回归分析。本书核心解释变量所需的数据主要来自全国统计年鉴和各省市统计年鉴，数据均使用居民消费价格分类指数作为价格指标，以 2000 年的价格为定基指数进行平减处理。

（3）控制变量：本书还选择了以下控制变量，争取尽可能控制其他因素对经济高质量发展的影响。具体包括：

基础设施水平（*infrus*），借鉴徐盈之和童皓月（2019）的做法，采用地区道路里程占国土面积比值来衡量。基础设施作为经济发展的先导和基石，能够为居民、企业等经济主体提供生产生活服务的保障，是各产业正常运行的重要投入品，良好的基础设施投入不仅有利于降低人员通勤成本和能耗，还有利于增强人才、知识等创新要素的流动速度，缩减地区间生产要素的流动成本，进而推动经济高质量发展水平提升。

政府干预度（*gov*），借鉴林春和孙英杰（2017）的研究，用政府财政支出占国内生产总值比重衡量。政府通过提供优质的公共产品和服务等可以吸引对地方品质需求更强的高端企业的创立或迁入，带动相关产业发展，增加就业，有助于产业结构优化，促进经济发展。而且对公共服务的投入可以直接改善居民生活质量，有利于发展的协调性和共享性，促进人民对美好生活追求的实现。但假如财政支出利用不当，也可能对经济发展会产生不利的影响，阻碍经济高质量发展。

人力资本水平（*edu*），参考杜伟等（2014）的研究，采用就业人员平均受教育年限来衡量。随着我国经济向高质量发展阶段转变，更加需要高质量的人力资本支撑，相关研究表明，增强人力资本水平能够起到提高经济效率及劳动生产率的效果（张同斌，2017）。人力资本水平较高的地区，区域创新能力强，也具有更好的模仿和学习能力，有利于当地的经济高质量发展，人力资本水平较低的地区不利于区域创新发展，对经济高质量发展助推作用小。

信息化水平（*infor*），借鉴冯献和崔凯（2013）等人的研究思路，用人均邮电业务量来表征信息化水平。信息化水平的提高能够有效促进资源的流动和配置，降低交易成本，增强创新主体的交易效率，有利于技术创新及生产效率的提高，从而提高经济发展质量。

人口密度（*density*），借鉴周清香（2021）的研究，用单位国土面积人口数来表征。人口密度对经济发展质量有利的一方面是随着人口集聚，可以形成规模效应，能够更好地发挥知识溢出和技术扩散功能，有效降低新技术边际成本和研发风险，提高经济发展效率，推动产业结构朝着智能化、高端化方向发展。但另一方面，人口密度过高可能会对区域内的生态环境造成压力，增加环境治理成本，对绿色发展造成负面影响。

金融发展水平（*finance*），借鉴李稻葵等（2016）的研究，采用各地区金融机构贷款余额与GDP的比值来衡量。金融发展水平高低会对经济发展质量产生影响，这已经在学者的相关研究中被证实（李稻葵等，2016；杨楠和马绰欣，2017）。金融发展水平与经济发展的金融配置效率密切相关，而资金配置效率又影响着经济发展质量的好坏。因此，笔者将其纳入本书的控制变量中。

考虑到西藏自治区的数据缺失较多，以及港澳台地区数据搜集的困难性，本书在研究中剔除了以上几个省份，最终采用了中国大陆地区30个省市2000—2019年面板数据为本书的研究样本。相关数据主要来自《中国统计年鉴》《中国科技统计年鉴》《中国工业统计年鉴》等各类统计年鉴，以及Wind数据库等其他数据库所收集到的数据，若部分省份存在缺失的数据，本书采用了插值法对此加以完善。表7-1为本书选用变量的描述性统计结果。

表7-1　描述性统计分析

变量	样本值	平均值	标准差	最小值	最大值
development	600	0.204 0	0.144 0	0.014 2	0.830 2
innovation	600	0.149 0	0.120 5	0.040 8	0.961 7
coordinate	600	0.239 6	0.120 5	0.062 9	0.815 9
green	600	0.256 9	0.079 4	0.123 5	0.774 9

（续）

变量	样本值	平均值	标准差	最小值	最大值
open	600	0.170 3	0.166 8	0.009 4	0.747 2
share	600	0.233 0	0.101 7	0.061 2	0.575 3
urban_quality	600	0.089 9	0.058 5	−0.062 0	0.596 7
rural_quality	600	0.101 4	0.073 3	−0.111 6	0.452 6
infrus	600	0.735 8	0.482 9	0.021 1	2.115 0
gov	600	0.204 2	0.094 8	0.068 9	0.628 4
edu	600	8.948 7	1.246 7	5.961 0	13.901 0
infor	600	0.194 9	0.224 0	0.009 5	1.691 4
finance	600	1.194 9	0.410 3	0.532 9	2.584 7
density	600	0.043 4	0.062 0	0.000 7	0.382 9

7.2 实证结果与分析

7.2.1 城市居民消费品质升级对经济发展质量的影响

由于动态面板模型中有被解释变量的滞后项作为解释变量，从而使随机扰动项和自变量相关，产生内生性的问题，在这种情况下，面板数据OLS估计、随机效应的GLS估计以及固定效应的LSDV估计都会导致参数估计值的结果是一个有偏的、非一致的估计量。为了模型估计结果的有效性，本章同样采用了SYS-GMM估计方法对模型进行估计。

首先利用SYS-GMM方法考察城市居民消费品质升级对经济高质量发展综合指数的影响，接着对创新发展、协调发展、绿色发展、开放发展及共享发展五个分维度指数进行估计。具体的，在对模型进行SYS-GMM估计之前，首先进行了Sargan以及AR（1）和AR（2）检验。Sargan检验目的是判断工具变量是否有效，原假设是工具变量的选取为有效的；AR（1）检验和AR（2）检验分别是对扰动项一阶差分和二阶差分自相关进行的检验，该检验结果可以用于判别模型的扰动项是否存在自相关，原假设是差分方程的扰动项不存在自相关，当检验结果为不存在序列相关时，则模型估计的结果是有效的。检验结果如表7-2底部所示，SYS-GMM估计中的AR（1）检验的p值均小于10%，AR（2）检验和Sargan检验的p值均大于10%，检验结果表明模型设定是合理的。

表7-2 城市居民消费品质升级对经济发展质量影响的估计结果

变量	模型（1） *development*	模型（2） *innovation*	模型（3） *coordinate*	模型（4） *green*	模型（5） *open*	模型（6） *share*
L.development	0.975*** (15.88)					
L.innovation		0.871*** (23.93)				
L.coordinate			0.951*** (23.39)			
L.green				0.547*** (8.31)		
L.open					0.938*** (27.50)	
L.share						0.704*** (7.02)
urban_quality	0.007*** (2.70)	0.042*** (3.35)	−0.018*** (−3.16)	0.105** (1.97)	0.023*** (22.24)	0.003 (0.28)
infrus	0.005*** (4.70)	0.004* (1.94)	0.002** (1.97)	−0.008 (−1.04)	−0.002*** (−4.21)	0.031*** (3.80)
gov	0.001 (0.33)	0.048*** (3.11)	0.003 (0.17)	0.037** (2.35)	−0.045*** (−11.14)	0.130*** (4.07)
edu	0.002*** (7.77)	0.001 (0.78)	0.003*** (2.78)	0.007** (2.09)	0.000* (1.85)	0.005*** (3.08)
infor	−0.002 (−2.80)	−0.046 (−7.11)	0.010** (2.14)	0.000* (1.73)	−0.010*** (−8.23)	0.043*** (3.07)
finance	0.005*** (5.39)	−0.003 (−0.75)	0.004 (0.55)	0.000 (0.02)	0.010*** (19.53)	0.005 (0.80)

（续）

变量	模型（1） *development*	模型（2） *innovation*	模型（3） *coordinate*	模型（4） *green*	模型（5） *open*	模型（6） *share*
density	0.026*** (7.43)	−0.072* (−1.93)	0.000 (0.02)	0.033 (0.54)	0.121*** (18.33)	−0.041* (−1.90)
_cons	−0.019*** (−8.44)	−0.023** (−2.06)	−0.015** (−2.32)	0.034 (0.83)	0.006*** (4.69)	−0.028*** (−2.64)
N	570	570	570	570	570	570
AR（1）	0.006	0.000	0.005	0.043	0.059	0.011
AR（2）	0.234	0.414	0.971	0.154	0.724	0.866
sargan	0.739	0.770	0.842	0.790	0.783	0.678

注：***、**、*分别代表1%、5%、10%的水平上通过显著性检验。

由表7-2的回归结果可以看出，城市居民消费品质升级对经济高质量发展的估计系数为显著的正值，说明城市居民消费品质升级能够促进经济高质量发展水平的提升。在一系列控制变量中，基础设施水平对经济高质量发展的影响系数显著为正值，说明基础设施水平的提升有利于提高经济高质量发展水平。基础设施建设越完善，越有利于区域内各经济主体的互动与交流，能够有效促进信息共享和创新活动的开展，对知识和技术的溢出作用也具有积极意义。而且，完善的基础设施有利于产业集聚并形成规模效应和协同效应，有利于经济发展质量的提升。人力资本水平在模型中的系数显著为正值，说明人力资本水平越高越有利于经济的高质量发展。人才是知识技术的拥有者，在经济高质量发展过程中起到重要的作用。一方面，人力资本水平的提升有利于推动区域内的知识创造、转移和扩散，对知识溢出起到支撑作用，从而提高区域协同创新能力，提升经济发展质量（刘晔等，2021）；另一方面，高新技术企业为了获得创新人才，会主动向人力资本水平高的区域集聚，有利于推动高端产业在人力资本丰富的区域布局与发展，助推区域科技创新与产业结构优化，进一步提升经济高质量发展水平。金融发展水平的系数在模型中为显著的正值，说明其对经济高质量发展具有显著的促进作用。金融发展水平的提高会推动资本流动，减少投资过程中的信息不对称等问题，有利于提高资源配置效率，刺激风险投资机构、投资企业的创新行为，从而推动了经济高质量发展水平。人口密度的系数在模型中为显著的正值，一般而言，人口密度越高，越有利于集聚经济的实现，有利于充分发挥规模效应，最终起到提升经济发展质量的作用。

从分维度回归结果来看，模型（2）是城市居民消费品质升级对创新发展指数的回归结果。由显著为正的系数可知，城市居民消费品质升级对创新发展具有促进作用。居民消费品质升级增加了对技术含量更高的高品质商品的需求，为研发创新提供了充分的市场动力，能够促进企业创新行为的发生和发展。模型（3）是城市居民消费品质升级对协调发展指数的回归结果，结果显示城市居民消费品质升级对经济协调发展的影响系数显著为负。可能的原因是，由于城市间消费品质升级趋势不同，发达地区的城市居民消费品质升级水平更高，城市消费环境更好，这会对其他落后省份居民产生消费示范效应，引发人口向能够提供更高品质消费品的区域流动，从而导致区域间经济发展动能的差距以及产业发展的差距，不利于区域间的协调发展。模型（4）是城市居民消费品质升级对绿色发展指数的回归结果，结果显示城市居民消费品质升级对绿色发展具有显著促进作用。一方面，城市居民消费品质升级会附带更加注重有利于自身健康的消费需求，对环境有益的绿色健康消费品的消费将会增加，与此同时会减少对环境有害的非绿色商品的消费数量，从而有利于绿色发展。另一方面，居民的绿色消费行为还会传导至生产端，推动企业扩大对环保的投资，企业通过清洁生产提高绿色产品供给质量，更好地满足消费者对绿色产品的增量需求，从而缓解了对生态环境造成的压力，有利于绿色发展。模型（5）是城市居民消费品质升级对开放发展指数的回归结果，结果显示，城市居民消费品质升级有利于开放发展水平的提升。城市居民消费品质升级促进了更高品质产品的生产和高端国产品牌的崛起，国内一些产业在技术与服务上得到了发展机会，产业链、价值链得到了提升，有助于其参与国际竞争，最终促进了经济的开放发展。模型（6）是城市居民消费品质升级对共享发展的回归结果，结果显示城市居民消费品质升级对经济共享发展的影响为不显著的正值。没有通过检验的原因可能是，在决定经济协调发展的众多因素之中，现阶段的城市居民消费品质升级对其的影响可能还不够明显。

7.2.2 农村居民消费品质升级对经济发展质量的影响

本小节利用 SYS－GMM 方法考察了农村居民消费品质升级对经济高质量发展综合指数的影响，以及对创新发展、协调发展、绿色发展、开放发展和共享发展五个分维度指数的影响，在回归之前同样先用 Arellano 和 Bover（1995）提出的两种检验方法对工具变量和估计结果的有效性进行检验。检验结果如表 7－3 底部所示，各模型的 AR（1）检验的 p 值均小于 10%，AR（2）检验的 p 值和 Sargan 检验的 p 值均大于 10%，检验结果表明模型设定是合理的。

具体从回归结果看，表 7－3 中模型（1）是农村居民消费品质升级对经济高质量发展指数的估计结果，结果显示农村居民消费品质升级对经济高质量发展的估计系数显著为正，说明现阶段农村居民消费品质升级能够有效促进经济高质量发展水平。一方面，农村地区的居民消费品质升级一定程度上提升了对商品质量的要求，这种对商品质量更高的追求不仅可以促进生产技术的进步，还会减少农村地区对假冒伪劣产品的需求，增加高品质产品的市场空间。另一方面，由于预算的约束，农村居民可能不会像城市居民那样高频率地对产品进行更新换代，品质升级后往往对商品的使用比较爱惜，即对品质升级的追求是相对理性的、非（弱）炫耀性的，实用性的品质升级更符合农村居民整体消费意愿，从而使商品的使用寿命更长，有利于节约资源，促进经济高质量发展。控制变量中的金融发展水平、基础设施水平、人力资本水平、人口密度在农村居民消费品质升级对经济高质量发展影响模型中的系数显著为正，说明这四个控制变量能显著提升经济高质量发展水平，这与城市居民消费品质升级对经济高质量发展影响模型中控制变量的结果保持了一致。

从分维度回归结果来看，模型（2）是农村居民消费品质升级对创新发展指数的回归结果，由显著为正的系数可知，农村居民消费品质升级对创新发展具有显著的促进作用，农村居民消费品质升级会刺激居民对高品质产品的需求，从而对生产厂商提出更高的技术要求，因此对生产技术水平进步起到促进作用。模型（3）是农村居民消费品质升级对协调发展指数的回归结果，根据显著为正的系数结果可知，农村居民消费品质升级有利于协调发展。随着农村居民消费品质升级，更多优质消费市场下沉到农村，从而带动了农村地区的交通、通信网络等基础设施的完善，公共服务水平得到了提升，对乡村经济起到重要的促进作用，有利于缩小城乡发展差距、促进协调发展。模型（4）是农村居民消费品质升级对绿色发展指数的回归结果，由显著为正的系数可知，农村居民消费品质升级有利于促进绿色发展。一般而言，由于农村地区的监管薄弱，那些不利于环境保护的无证生产经营及生产质量不达标的假冒伪劣产品在农村地区比在城市更甚，而农村居民消费品质升级形成了高品质商品对假冒伪劣消费品的消费替代，一定程度上减少了假冒伪劣产品在农村地区的销售，从而减少了生产这些产品对环境造成的压力，因此有利于生态环境保护，促进绿色发展。模型（5）是农村居民消费品质升级对开放发展的回归结果，由结果可知，农村居民消费品质升级对开放发展具有显著的促进作用，这和城市居民消费品质升级对开放发展的结果保持一致，农村居民消费品质升级一方面有助于国内企业更加重视产品的生产质量，增强对产品的研发技术投入，提升国际竞争力，有利于更多高质量产品的出口。与此同时，对国外高品质产品需求的增加也有利于进口更多国外高品质产品，因而农村居民消费品质升级对开放发展起到了正向的促进作用。模型（6）是农村居民消费品质升级对共享发展指数的回归结果，显著为正的系数结果表明农村居民消费品质升级有利于经济的共享发展。农村居民消费品质升级扩大了高品质产品的市场空间，可以提升优质企业的盈利能力，带来了社会财富增值和扩大就业，对保障和改善民生起到间接的促进作用，从而能更好地促进地区的共享发展。

表 7-3　农村居民消费品质升级对经济发展质量影响的估计结果

变量	模型（1） *development*	模型（2） *innovation*	模型（3） *coordinate*	模型（4） *green*	模型（5） *open*	模型（6） *share*
L. development	0.962*** (32.17)					
L. innovation		1.207*** (22.44)				
L. coordinate			1.026*** (15.42)			
L. green				0.524*** (35.89)		
L. open					0.878*** (13.72)	
L. share						0.699*** (7.03)
rural_quality	0.019* (1.72)	0.028*** (3.41)	0.015** (2.09)	0.082*** (9.12)	0.036*** (3.11)	0.014* (1.82)
infrus	0.005** (2.37)	0.005* (1.95)	0.001*** (3.89)	−0.008*** (−2.82)	−0.000 (−0.07)	0.031*** (3.80)
gov	−0.011 (−0.72)	0.056*** (3.23)	0.033*** (3.26)	0.020 (1.09)	−0.079*** (−2.66)	0.129*** (4.03)
edu	0.002* (1.76)	0.001 (0.52)	0.000 (0.33)	0.007*** (5.72)	−0.000 (−0.33)	0.005*** (3.15)
infor	−0.002 (−0.41)	−0.047*** (−7.06)	0.009* (1.65)	0.001 (0.38)	−0.003 (−0.49)	0.043*** (3.16)
finance	0.009** (1.97)	−0.005 (−1.05)	−0.005 (−0.63)	0.001 (0.27)	0.018*** (2.84)	0.006 (0.97)
density	0.037* (1.70)	−0.084** (−1.98)	−0.038 (−0.83)	0.038*** (3.10)	0.197** (2.35)	−0.042** (−1.97)
_cons	−0.018** (−2.05)	−0.022* (−1.78)	−0.007*** (−3.33)	0.050*** (3.93)	0.011 (0.85)	−0.029*** (−2.82)
N	570	570	570	570	570	570
AR（1）	0.006	0.000	0.001	0.046	0.041	0.011
AR（2）	0.176	0.944	0.461	0.164	0.629	0.918
sargan	0.836	0.666	0.429	0.785	0.162	0.633

注：***、**、*分别代表在1%、5%、10%的水平上通过显著性检验。

7.3 区域异质性分析

7.3.1 东中西部地区实证结果与分析

由于我国东中西部地区在资源禀赋、产业结构、环境治理等方面存在差异，因此，我国东中西部地区居民消费品质升级的经济高质量发展效应可能会表现出不同特征。为了进一步考察城乡居民消费品质升级对东中西部地区经济高质量发展的影响差异，本小节基于公式（7－13）和（7－14）分别检验居民消费品质升级对我国东部、中部和西部三个地区经济高质量发展指数的影响。首先利用 Arellano 和 Bover（1995）提出的两种检验方法对工具变量和估计结果的有效性进行检验，检验结果如表 7－4 底部所示，各模型的 AR（1）检验的 p 值均小于 10%，AR（2）检验和 Sargan 检验的 p 值均大于 10%，检验结果表明模型设定是合理的。对东中西部经济高质量发展具体回归结果见表 7－4。

从表 7－4 的模型（1）、模型（3）和模型（5）的回归结果可以看出，东部和西部两个地区的城市居民消费品质升级对经济高质量发展均具有显著的正向促进作用，从系数的大小来看，西部地区城市居民消费品质升级对经济高质量发展水平的影响比东部地区更大，可能的原因是东部地区作为我国经济最发达的区域，城市居民可支配收入较高，购买力强，受到消费主义等不合理的消费理念的影响，在品质消费升级的过程中，攀比炫耀性消费可能较多，从而造成大量浪费的现象，不利于节约资源和保护环境，一定程度上削弱了居民消费品质升级对经济高质量发展的促进作用。另外，从回归结果可以看出，城市居民消费品质升级对中部地区的影响不显著。

由模型（2）、模型（4）和模型（6）显著为正的系数可知，农村居民消费品质升级对东中西部三个地区的经济高质量发展均具有显著的促进作用，且从系数大小上来看，三个地区中，东部地区系数的值更大，西部地区次之，中部地区最小。由于东部地区农村居民的收入水平相对较高，且东部地区农村居民位置消费竞争对标的是本地区的城市居民，受到本地区城市居民品质消费示范效应的影响，加之东部地区农村的交通等基础设施完善，农村居民的消费品质升级趋势更明显，因此更有利于高品质产品、高科技产品在东部农村地区开拓更大的市场，从而促进本地区经济高质量发展水平的提升。中西部地区的农村居民消费品质升级对经济高质量发展的影响系数值较为接近，西部地区的系数值略高于中部地区，且两个地区的影响系数均比东部地区的影响系数要小，可能是因为中西部地区农村的交通、物流等公共基础设施较为落后，交通、物流成本较高，消费环境较差，一定程度上削弱了中西部地区农村居民消费品质升级对经济高质量发展水平的促进作用。

表 7-4　东中西部地区居民消费品质升级对经济高质量发展影响的估计结果

变量	东部		中部		西部	
	模型（1）	模型（2）	模型（3）	模型（4）	模型（5）	模型（6）
L. development	0.889*** (27.52)	0.962*** (54.29)	0.898*** (7.97)	0.972*** (15.38)	0.965*** (4.64)	0.936*** (14.32)
urban_quality	0.001* (1.71)		−0.005 (−0.25)		0.269** (2.11)	
rural_quality		0.051*** (2.90)		0.013** (2.61)		0.018* (1.65)
infrus	0.007 (1.30)	0.000 (0.03)	0.009 (1.06)	0.007* (1.70)	0.033 (0.51)	0.015** (2.23)
gov	−0.063* (−1.87)	−0.043*** (−2.71)	0.081 (1.23)	0.054 (1.03)	−0.114* (−1.89)	−0.009 (−0.91)
edu	0.002 (1.55)	0.001 (0.76)	0.003*** (3.49)	0.003** (2.02)	0.002 (0.40)	0.004* (1.66)
infor	0.011 (1.26)	0.008 (1.06)	−0.012* (−1.95)	−0.017*** (−3.13)	−0.012*** (−3.74)	−0.007*** (−3.10)

（续）

变量	东部		中部		西部	
	模型（1）	模型（2）	模型（3）	模型（4）	模型（5）	模型（6）
finance	0.022*** (5.14)	0.010** (2.03)	0.007* (1.85)	0.005 (0.46)	0.034* (1.79)	0.005* (1.69)
density	0.076*** (3.55)	0.053*** (5.17)	0.000 (0.00)	0.051 (0.33)	−1.486 (−0.44)	−0.346 (−1.62)
_cons	−0.009 (−0.80)	−0.002 (−0.26)	−0.029*** (−2.71)	−0.037*** (−3.29)	−0.034* (−1.75)	−0.028* (−1.83)
N	209	209	152	152	209	209
AR（1）	0.034	0.039	0.048	0.079	0.014	0.013
AR（2）	0.226	0.921	0.113	0.158	0.568	0.183
sargan	0.239	1.000	1.000	1.000	0.463	1.000

注：***、**、*分别代表在1%、5%、10%的水平上通过显著性检验。

7.3.2 南北方地区实证结果与分析

近些年来南北差距呈逐渐扩大的趋势，居民消费品质升级是否对南北地区经济高质量发展的影响程度有所不同是一个值得研究的新问题。基于此，本小节进一步检验了南北方地区城乡居民的消费品质升级对各自地区经济高质量发展的影响差异。按照程序，在回归前，首先利用 Arellano 和 Bover（1995）提出的两种检验方法对工具变量和估计结果的有效性进行检验，检验结果如表 7-5 底部所示，各模型的 AR（1）检验的 p 值均小于 10%，AR（2）检验和 Sargan 检验的 p 值均大于 10%，检验结果表明模型设定是合理的。

对南北方经济高质量发展的具体回归结果见表 7-5。模型（1）和模型（3）结果显示城市居民消费品质升级对我国南北方地区的经济高质量发展均起到了显著的正向作用。模型（2）的结果显示，农村居民消费品质升级对南方地区经济高质量发展的影响系数为正值但是不显著。模型（4）的结果显示，农村居民消费品质升级对北方地区经济高质量发展的影响系数为显著的正值。

从系数大小来看，无论是城市还是农村，居民消费品质升级对北方地区经济高质量发展的影响系数值都要大于南方地区。可能的原因是，城乡居民的消费品质升级对北方地区以往偏重于重工业的产业结构具有更强的优化作用，消费品质升级的产业结构优化效应和环境效应将更加突出。加之目前北方地区整体上经济高质量发展水平较低，因此居民消费品质升级对经济高质量发展的边际贡献可能要比南方地区更强。

表 7-5　南北方居民消费品质升级对经济高质量发展影响的估计结果

变量	南方		北方	
	模型（1）	模型（2）	模型（3）	模型（4）
L. development	0.942*** (20.62)	0.902*** (5.42)	0.734*** (6.54)	0.722*** (6.55)
urban_quality	0.006** (1.98)		0.029*** (3.37)	
rural_quality		0.004 (0.34)		0.031** (1.97)
infrus	0.008*** (2.93)	0.008** (2.53)	−0.002 (−0.24)	−0.003 (−0.34)
gov	−0.034 (−1.36)	−0.033 (−0.32)	0.017 (0.55)	0.012 (0.38)
edu	0.002*** (3.29)	0.002** (2.43)	0.009** (2.50)	0.009** (2.46)
infor	0.004 (0.41)	0.008 (0.46)	−0.003 (−0.38)	−0.002 (−0.28)
finance	0.013*** (2.64)	0.014*** (3.48)	0.021** (2.42)	0.024*** (2.68)
density	0.034 (1.06)	0.105 (0.66)	0.583* (1.91)	0.609** (1.97)
_cons	−0.014*** (−2.95)	−0.011*** (−5.30)	−0.072** (−2.37)	−0.072** (−2.46)
N	285	285	285	285

（续）

变量	南方		北方	
	模型（1）	模型（2）	模型（3）	模型（4）
AR（1）	0.012	0.055	0.017	0.015
AR（2）	0.114	0.103	0.120	0.101
sargan	0.784	0.859	0.198	0.116

注：***、**、*分别代表在1%、5%、10%的水平上通过显著性检验。

7.4 稳健性检验

为了验证上述居民消费品质升级对经济高质量发展影响结论的稳健性，本书用差分广义矩估计模型（DIF-GMM）来代替系统广义矩估计模型（SYS-GMM）进行稳健性检验，具体结果见表7-6。由结果可知，更换模型后，无论是城市居民消费品质升级还是农村居民消费品质升级对经济高质量发展的影响系数均为显著的正值，这与前文得到的结论保持了一致。

表7-6　稳健性检验：DIF-GMM模型

变量	模型（1）	模型（2）
L.development	0.807*** (40.87)	0.799*** (35.75)
urban_quality	0.008** (1.96)	
rural_quality		0.018*** (4.51)
infrus	0.005 (0.92)	0.005 (0.92)
gov	0.078*** (2.91)	0.079*** (3.06)
edu	0.000 (0.38)	0.000 (0.16)

（续）

变量	模型（1）	模型（2）
infor	0.005** (2.10)	0.005** (2.17)
finance	0.013*** (9.02)	0.015*** (11.98)
density	0.740*** (9.86)	0.731*** (10.05)
N	540	540
AR（1）	0.010	0.009
AR（2）	0.274	0.213
sargan	0.169	0.171

注：***、**、*分别代表在1%、5%、10%的水平上通过显著性检验。

7.5 进一步讨论：居民消费品质升级对经济高质量发展影响的非线性关系

上述的实证结果表明，无论是城市居民消费品质升级还是农村居民消费品质升级都能显著提升经济高质量发展水平，但回归结果的系数值有所差异，而且对经济高质量发展影响具有明显的区域异质性。为了能更深刻理解二者之间的内在关系，有必要进一步考察居民消费品质升级对经济高质量发展影响是否存在"U"形或倒"U"形的非线性特征。在公式（7－13）和（7－14）基础上引入居民消费品质升级平方项，构建如下动态面板模型：

$$development_{i,t} = \beta_0 + \beta_1 development_{i,t-1} + \beta_2 urban_quality_{i,t} + \beta_3 urban_quality_{i,t}^2 + \varphi X + \mu_{i,t} \quad (7-16)$$

$$development_{i,t} = \beta_0 + \beta_1 development_{i,t-1} + \beta_2 rural_quality_{i,t} + \beta_3 rural_quality_{i,t}^2 + \varphi X + \mu_{i,t} \quad (7-17)$$

其中，*development* 代表高质量发展水平；*urban_quality* 表征城市居民消费品质水平；$urban_quality^2$ 表征城市居民消费品质水平的平方项；*rural_quality* 表征农村居民消费品质水平；$rural_quality^2$ 表征农村居民消费品质水平的平方项；其他字母含义与前文分析相一致，在模型中引入基础设施、政府干预度、人力资本水平、信息化、金融发展水平、人口密度等作为控制变量以控制对经济高质量发展的影响。

从表7-7的具体检验结果来看，模型（1）是城市居民消费品质升级对经济高质量发展影响的估计结果，结果显示城市居民消费品质升级平方项的系数值显著为负，说明城市居民消费品质升级与经济高质量发展存在着倒“U”形非线性关系。模型（2）是农村居民消费品质升级对经济高质量发展影响的估计结果，结果显示农村居民消费品质升级的平方项的系数显著为负，说明农村居民消费品质升级与经济高质量发展同样存在着倒“U”形非线性关系。基于以上检验，当城市居民和农村居民消费品质升级达到一定的水平值后，对经济高质量发展的驱动作用将会变为负效应。主要原因可能是，如果居民对消费品质过度追求，一味地追求高品质商品，会频繁对手中已有的商品产生升级换代欲望，人为地缩短了产品的使用寿命，这会对资源环境造成不小的压力，不利于绿色发展，从而限制了对经济高质量发展的促进作用。

表7-7 居民消费品质升级对经济高质量发展影响的非线性检验结果

变量	模型（1）	模型（2）
L. development	0.973*** (32.53)	0.962*** (44.46)
urban_quality	0.087*** (6.04)	
$urban_quality^2$	−0.234*** (−5.54)	
rural_quality		0.071*** (2.87)
$rural_quality^2$		−0.150* (−1.67)

（续）

变量	模型（1）	模型（2）
infrus	0.005*** (3.40)	0.004** (2.18)
gov	−0.005 (−0.32)	−0.012 (−0.96)
edu	0.002** (2.02)	0.003** (2.11)
infor	−0.004 (−0.71)	−0.002 (−0.39)
finance	0.008* (1.85)	0.009** (2.21)
density	0.028 (1.36)	0.033** (2.10)
_cons	−0.025*** (−2.91)	−0.025*** (−2.62)
N	570	570
AR（1）	0.005	0.005
AR（2）	0.280	0.144
sargan	0.865	0.743

注：***、**、*分别代表在1%、5%、10%的水平上通过显著性检验。

7.6 本章小结

本章以2000—2019年全国30个省市的面板数据为基础，构建SYS-GMM模型分别实证分析了城乡居民消费品质升级与经济高质量发展的关系，得出以下结论：①模型结果显示城市居民消费品质升级和农村居民消费品质升级均可以显著促进经济高质量发展，现阶段农村居民消费品质升级对经济高质量发展的影响系数大于城市居民。从分维度上看，城市居民消费品质升级对创新发展、绿色发展、开放发展和协调发展的结果具有显著性，其中，对创新、开放和绿色发展具有显著促进作用，但是对协调发展具有显著的负向抑制作用，对共享发展的影响结果不显著。农村居民消费品质升级对创新发展、协调发展、绿色发展、开放发展和共享发展均具有显著的促进作用。②从我国东中西部地区区域异质性分析来看，城市居民消费品质升级对东部、西部地区经济高质量发展水平均具有显著的促进作用，但是对中部地区的影响不显著。农村居民消费品质升级对东中西部地区经济质量提升均具有显著的促进作用，且对东部地区的影响系数值更大。③从南北方地区区域异质性来看，城市居民消费品质升级对南北方地区经济高质量发展水平的提高均具有显著促进作用，但是北方地区的回归系数更大。农村居民消费品质升级对南北方地区经济高质量发展的回归结果均为正值，但是只有对北方地区的影响是显著的，对南方地区的影响不显著。④进一步拓展研究结果显示，城乡居民消费品质升级对经济高质量发展影响的平方项系数均为显著的负数，说明城乡居民消费品质升级对经济高质量发展的影响都具有倒“U”形的非线性显著关系，居民消费品质升级达到一定程度后，其对经济高质量发展将会产生抑制作用。

第 8 章 居民消费升级促进经济高质量发展的对策与建议

从发展角度看，我国居民消费整体上正处于从相对富裕向富裕水平升级的过程中，居民逐渐升级的消费需求在满足日益增长的美好生活需要的同时，也为经济发展提供了强大动力，消费升级正成为经济高质量发展的“助推器”。本书根据相关研究结论对居民消费升级促进我国经济高质量发展提出如下对策建议。

8.1 加快不同档次消费品的替代转化，完善产能淘汰机制

研究结果表明，居民消费升级能够有效促进经济高质量发展，因此，应努力提升市场中的产品质量，依据市场发展规律调整产品结构，加强中高端产品供给能力，以更好地满足居民消费升级所带来的新需求。

在市场均衡逻辑下，总需求等于总产出，此时的经济增长表现为需求的增长（陈昆亭，2020），而经济质量的提升在很大程度上取决于商品的结构特征。居民消费升级在时间线上表现为市场上主流商品的更替，随着消费升级的向前发展，那些符合升级方向的高层次、高质量商品逐渐占据主流，而那些不符合消费升级方向的产品将会逐渐达到饱和，市场需求将会慢慢萎缩，甚至是被市场淘汰。具体结合收入来看，在时间线上表现为阶段性的高低档产品会慢慢发生更替。在以前经济不发达的社会里，居民收入水平整体较低，当时消费者眼中所青睐的那些属于升级需求的商品可能随着时代的发展、居民收入的提升而逐渐演变成“低档产品”，比如缝

纫机、手表、自行车这些改革开放初期的“老三件”，这些产品随着经济的发展、居民收入的提升以及生产端大量的标准化制造，在市场上迅速增加，慢慢由以前居民眼中的“高档产品”转为中档甚至低档的普通产品，市场需求也逐渐变得饱和。“老三件”逐渐被“新三件”（冰箱、洗衣机、彩色电视机）取而代之，而随着时代的前进，社会经济的进一步发展，“新三件”的高档性也在人民的心目中逐渐减弱，一些诸如智能手机、智能家电等新的“高档产品”正在消费者心中慢慢崛起。这种转化规律正是消费升级最显著标志。因此，基于这些规律，政府部门以及生产商应在供给端准确判断和识别消费升级趋势，分辨高层次产品和普通产品的替代转化速度与规律，适应居民消费需求结构的变化，加强高层次产品的有效供给，根据消费结构升级的时间演进性，借鉴国外发达国家消费升级演进路径，及时探索和发现居民新需求的变化方向，从而从供给侧解决“生产什么”的问题，加快市场中不同档次消费品的替代转化，推动符合消费升级方向的商品生产。对于不符合居民消费升级方向、市场面临饱和的普通商品，则不应该再继续采取增加产能的措施，而是要通过供给侧改革主动去产能，尽量维持供需平衡即可。而那些对环境有害且市场上有较为成熟的相关替代产品的普通商品，则应提高准入门槛、完善退出机制，如对限塑令的严格执行、对燃油车设置禁售时间表等，使这些污染环境、消耗资源、不符合消费升级方向的产品逐渐退出市场，为环境友好型的替代品腾出市场空间。

8.2 改善消费环境，助推消费升级

8.2.1 改善农村消费环境

实证结果显示，农村居民消费结构升级和消费品质升级都能够显著促进经济的高质量发展，但是农村相对于城市而言消费环境落后，向来是监管力度较弱的区域，而且农村居民对消费品质方面不够重视，只追求价格

低廉，这也就给那些低质商品提供了广阔的市场空间，不利于农村地区的消费结构升级和消费品质升级。另外，农村的这一现实情况也从侧面说明了农村地区消费升级促进经济高质量发展的空间依然很大，因而需要进一步改善农村地区消费环境，支持农村居民的消费升级需求。今后可以加强以下几方面工作：①要加强市场监管，强化农村地区的执法力度，打击农村地区假冒伪劣产品的生产与销售，降低劣质产品在农村地区的生存空间，同时增加高品质产品在农村地区的市场空间。②要完善有关农民的社会保障机制，提升社保覆盖面，减少农村居民尤其是低收入农村居民的预防性储蓄，从而能够更好地释放农村居民消费力。③要努力提高农村生产、生活、生态“三生”条件，扎实推进新农村建设，强化新农村建设效果，改善农民生活条件，促进农村发展。与此同时要优化农村地区的产业结构和产品结构，建立起满足农村居民消费升级需求特点的供给及服务体系，优化农村市场供给条件，为满足农村居民消费升级创造良好现实环境。④要加快农村地区公共服务建设，提高公共财政对农村的投入。大力发展公共服务，能够有效解决农村居民面临的教育、医疗、养老等服务性消费供给不足的问题，提升农村居民消费欲望、有效释放消费潜力，从而促进农村地区消费结构升级。⑤要合理引导农村居民消费升级。在农村开展广泛的消费教育工作，传播相应的科学消费知识和鉴别消费品质量与真伪的能力，树立科学消费观，并采取多种有效的措施，减少农村居民之间以及农村居民和城市居民之间的消费攀比心理，强化农村居民的可持续消费理念与适度消费观，在消费升级的同时实现可持续消费模式。

8.2.2 改善中西部地区消费环境

回归结果显示中西部地区的居民消费结构升级对经济高质量发展具有显著的促进作用，但是中西部地区消费环境落后，需要进一步提升中西部地区消费环境，从而更好地助推中西部地区居民消费升级。①要完善中西部地区的社会保障制度，有效降低低收入居民的教育、医疗、养老等负担。在教育、医疗、养老等公共服务支出上，要建立政府与居民共同分担的长效机制，减轻中西部地区居民在这方面的负担。②要进一步改善中西部地区基础设施建设水平，加强中西部地区物流体系一体化建设，健全中西部地区城乡商贸流通体系，通过推进农产品现代流通综合示范区等的建设，努力提升农产品标准化程度，从而更好地满足消费升级需求。③要畅通中西部地区消费者维权渠道。进一步简化、完善涉及消费领域争议的仲裁程序，提高仲裁效率、降低维权成本。提倡集体诉讼及公益诉讼等多样化诉讼方式，鼓励有条件的中西部地区建立小额消费争议仲裁中心，并减免小额消费仲裁费用，与其他消费仲裁机制形成互补效应。

8.3 缩小居民收入差距，推动共同富裕

研究发现，无论是城市居民消费升级还是农村居民消费升级都能有效促进经济高质量发展。我国经过改革开放几十年的发展，不仅催生出一批巨富人口和约 4 亿人的中等收入群体，也还存在大批的低收入群体。这种金字塔形分配结构导致了消费力的分配不均，也导致了我国城乡居民无论是消费总量还是人均消费量都存在较大差异，富裕阶级存在需求饱和的情况，大量消费力无法释放，而穷人阶级因收入预算限制，消费力不足，过低的收入限制了这批低收入居民消费需求的满足，使这部分低收入群体无法进行消费结构升级与消费品质升级。应采取特别措施，努力使分配结构由金字塔形转为橄榄形，从而在收入上为消费升级提供基础性条件，为扩大需求市场，推动经济高质量发展提供需求侧基础。

8.3.1 努力提高低收入家庭收入

收入在一定程度决定着消费，而消费又在一定程度上决定着产出，贫富差距过大不仅催生出有关分配公平正义的问题，更重要的是巨量的财富集中在少数人手中并不利于释放大众需求潜力，从而使经济高质量发展转型缺乏需求基础，只有当国内大量人群进入中等收入水平时，才能创造出

经济高质量发展的持久动力。由此可见，居民收入的提高是经济发展的动力基础。收入差距过大对消费升级有负向影响，缩小富人群体与穷人群体之间的收入差距，构建橄榄型分配结构有利于全体居民的消费提质升级。因此，应采取税收等合理措施，努力缩小收入差距，提高低收入人群可支配收入水平，增强消费对经济发展的基础性作用。

就业始终是影响居民收入的一个重要因素，因此要坚持扩大就业、改善就业的发展政策，提升居民就业创业能力、引导居民转变就业观念并依法维护劳动者权利，提升低收入群体的就业率和就业质量，使就业成为提高低收入家庭财富的重要手段，增强居民消费能力。

8.3.2 鼓励三次分配，向低收入者转移消费力

以慈善捐赠为代表的三次分配一般发生在相对富裕的阶层与贫困群体之间，可以使富裕者的富余消费力转移到消费力不足的贫困者手中，能在一定程度上起到熨平收入差距的作用，从而让更多低收入居民具备消费升级的潜力，进一步增强消费对经济发展的拉动作用。一般而言，在一个社会里，合理的捐赠行为有利于财富的分配，也有利于社会总需求的增长，从而可以起到促进更多居民共享发展成果的作用。三次分配不仅能够为弱势群体带来针对性的慈善捐赠，对弱势群体的福利方面给予帮助和支持，而且能够使一定数量的社会财富在人群中重新分配，有效提高“低收入家庭可支配收入的真实增长”，从而起到缓解贫富差距、调整消费结构、刺激产品需求、增加产品市场空间的作用。中国慈善联合会发布的《2020年度中国慈善捐助报告》中的数据显示，我国内地 2020 年接收的款物捐赠总计为 1 509.44 亿元，仅占当年全国 GDP 的 0.15%。与此同时，美国 2020 年的捐赠总额为 4 714.4 亿美元（约相当于 3 万亿人民币），占美国当年 GDP 的比重为 2.25%，由此可以看出，中国与美国在捐赠总额上的差距是巨大的。另外，由英国慈善援助基金评定的 2021 年《世界捐助指数报告》显示，中国的全球捐助指数位列全球被调查的 114 个国家和地区中的第 95 位，排名较为靠后。以上几组数据说明了我国现阶段以

慈善捐赠为代表的三次分配力度的总体水平同发达国家存在巨大差距，这也从侧面说明了我国慈善捐赠水平提升空间巨大，如果能够把我国的慈善捐赠额度占GDP比重提升到像美国等发达国家那样的水平，则无论是在提高居民群体的整体福利水平上还是扩大国内总需求上都会产生积极的影响。

随着我国经济发展催生了众多富裕人口，提高富裕阶级的整体捐赠意愿便成了扩大我国慈善事业、促进三次分配的一个重要方法。今后可以从以下几点展开此方面的工作：一是要努力改变人们对慈善捐赠的偏好。一些富裕阶层虽然有富余的钱财，但并没有帮助弱势群体的意识，或者这种意识远远不够，因此应该通过宣传等工作努力改变其慈善捐赠偏好，使人们有意识地去做更多的慈善行为。政府等主体可以增加对慈善事业的媒体宣传，通过公益广告等形式让更多的人了解慈善行为的益处。二是慈善机构运作要增强管理透明性。有时候并不是人们没有捐赠偏好，而是对慈善机构的不信任，从而导致空有慈善捐赠偏好却找不到自己可以信任的满意的捐赠渠道，因此政府部门在今后的工作中要加强对慈善事业机构的监督，增强运行机制的公平感和透明度。慈善事业机构也应该以身示范，主动对社会上的疑问进行解释答疑，并扩大宣传力度，提高自身知名度与美誉度，增强自身的公信力，让捐赠的钱物真正用在所需之人手中的同时自身也能获得社会更广范围的认可，减少人们对做慈善的后顾之忧。

8.4 针对不同收入群体，采取适宜的促进消费升级措施

我国居民内部存在着巨大的收入差异，尤其是城市居民和农村居民之间的收入差异非常显著，群体之间的分层也较为明显，这也就导致了城乡居民消费支出水平的差异以及城乡居民消费升级程度的不同，从而导致不同的城乡居民因消费升级的水平不同而对经济高质量发展作用不同。今后应该针对城乡居民的异质性等分层特征采取不同措施来促进城乡居民的消费升级。

首先，对于城乡居民中的高收入群体，他们消费能力较强，有能力和欲望购买价格更高、品质更好的商品，而这种对高质量、高价格产品的需求对创新产品成功导入市场具有十分重要的意义。由于研发成本等原因，市场上新推出的科技含量较高的高品质创新产品一般成本很高，售出价格也比较昂贵，如果大家收入都较低，则不可能形成市场需求，盈利空间也就无从谈起。但正是因为社会上存在一批高收入居民，他们强大的购买力可以填补市场需求的缺失，从而使新研发的高品质产品有一定的市场需求，能够使创新企业在高成本的初创期达到盈亏平衡甚至获得盈利空间。随后在市场机制作用下，生产商的生产成本逐渐减小，市场价格也可以逐步往下调整，商品价格的降低使商品逐渐进入到较低收入群体的预算线内，从而带动了创新产品市场需求的继续增加，逐渐演变为新时代的市场主流产品。也就是说，富裕阶层的居民对新推出的高品质创新产品起到了一种先导的作用，正是因为他们的存在，才使新的、价格较高的高品质创新产品有一定的市场空间，才会有资金继续进行创新与研发。因此，这类居民的消费升级促进了生产端创新行为的顺利实施，有利于经济的创新发展。所以面对这批富裕居民，可以采取相关鼓励措施，刺激他们对新推出市场的产品，对高价值、高技术含量的产品的消费行为，如电动汽车、绿色食品、智能终端设备等。为了实现这一目标，不仅要在需求侧做足工作，还要在供给侧增加国内高档产品的供给能力。目前因为我国存在着供给体系不完善、市场监管能力弱等问题，许多国内生产的高端产品质量达不到让消费者满意的程度，压抑了这批人的消费升级欲望，不利于消费者尤其是高收入群体对我国本土品牌的认可，导致消费力外流明显。今后要大力增加高档产品的供给、加强对本土高科技产品的宣传，增强富裕居民对国内高层次产品的认可，从满足更高层次的消费需求入手，深化供给侧结构性改革，使这些居民的消费力转变为现实的购买需求。

其次，对于城乡居民里的中等收入群体的消费升级，应该向适度消费方向引导。我国中等收入居民目前是一个数以亿计的庞大群体，这批居民的财富虽然比低收入群体要高，但却没有达到财富自由的程度，即中等收入居民在消费的过程中依然会受到预算约束的影响。这部分居民虽然具有一定的消费力，在购买具体商品时也会考虑价格因素，但价格因素对其购买决策和行为的约束不如低收入群体那么偏紧，假如这批居民过度地跟高收入群体进行面子竞赛，因攀比心理过强而去购买那些价格过高的产品，这种超前的消费升级行为会对消费者和经济发展产生不利影响。这主要是因为不理智的消费模式会增加中等收入消费者的生活成本，追求过高价格的商品会让中等收入居民预算吃紧甚至通过借贷来满足高标准的消费，这虽然可以满足消费者一时的消费欲望，但最终却不利于居民幸福感的提升，不利于经济的健康发展。因此，对待这部分居民，应引导其选择适宜的消费升级模式，引导他们形成健康的消费观念，多宣传务实性消费，减少过度消费以及过高的攀比消费心理等。另外，考虑到价格机制在这部分居民群体中依然有效，如果价格差别过大，他们就不会考虑对环境的影响，转而选择购买价格较低但不利于环境的产品，从而不利于经济高质量发展。对于这部分居民群体，一方面要在消费理念上做工作，使他们在消费决策中会更多地考虑消费对环境的压力，引导他们把购买目光转向绿色健康的商品；另一方面，要在供给端努力降低高品质商品的成本与市场价格，从而在中等收入居民中获得更多的市场，使这批居民的购买行为更好地促进经济高质量发展。

最后，对于城乡居民中的低收入群体，因其边际消费倾向较高，但限于知识储备和能力，消费升级的结构和品质反而是最不协调的，消费升级比较滞后。这些居民的预算是非常偏紧的，过低的收入使其难以满足自己的基本需求，在购买商品时也只能购买远低于饱和需求量的部分消费品。在这个群体里，价格机制成了最重要的购买商品的决策依据。为了能够更好地生存，这批居民即使拥有绿色健康的消费理念，这些理念在购买商品时也不会起到应有的作用，或者说这些理念在购买商品时所起到作用极其有限，他们可能因为高品质产品价格过高而转为购买传统非绿色产品（陈凯，2016）。“一分钱难倒英雄汉”的现实在这部分居民这里是一种常态，即使这部分居民想进行消费升级，但因为高质量的商品往往价格较高，让这部分消费者望而却步。因此，在无法提高这批人家庭财富的前提下，过低收入居民的消费升级较难实现，也就无从谈起有效地促进经济发展质量的提升。针对这部分居民在消费时会过度追求低价格，而对消费品品质和对环境的影响较少考虑特点，一方面要想方设法增加这部分居民的收入，增加他们的消费力，提高他们的购买力；另一方面，要增强他们的环保意识和消费知识，使他们在消费升级过程中更加注重消费品质量。

8.5 提倡适度消费，促进理性消费升级

在前文中农村居民消费结构升级、城乡居民消费品质升级对经济高质量发展的非线性关系的实证结果显示出倒“U”形特征，即当跨过一定的消费升级程度门槛，消费的继续升级会对经济高质量发展起到抑制作用。因此应该提倡适度消费，反对奢侈浪费和不合理消费，促进理性消费升级。

适度消费即为合宜性的消费方式，这种消费方式既能满足自己的合理需求，又没有对大自然索取过度，无论是对个人还是对环境都是一种较友好的消费状态，能够在满足个人效用的同时，尽量减少对资源环境的影响。与适度消费相对应的是非适度消费、非理性消费，主要表现有两种极端形式，第一种是过度消费的形式，第二种是过度节俭的形式。过度消费的突出表现是在消费过程中不计环境后果，大幅度的消费超过一个人所需要的物品与服务，这种消费方式在消费过程中不可避免地造成了巨大的浪费现象，虽然能够满足消费者自身的效用，但是资源的使用效率却不是最优的。过度节俭则是一个人的消费量过少，无法满足自身所需要的正常需求量，限制了人的全面发展，这种消费方式也是不可取的，尤其是在日益富裕的今天，低于人的正常需求的过度节俭消费并不是一种好的生活方式。一个理想的社会应该是适度消费人口占总人口的比例越高越好，过度消费和过度节俭的人口占总人口的比例越少越好。如果把遵从过度节俭消费方式的消费者、适度消费方式的消费者、过度消费方式的消费者以及

三者之间的过渡状态的消费者视为一个连续体，则可以用遵从不同消费方式的人口的概率分布图来表征一个社会所有人的消费状态，如图 8－1 所示。

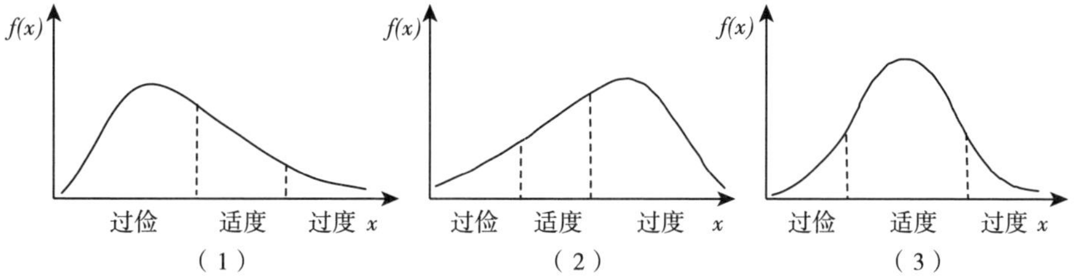

图 8－1　消费者连续体消费方式概率分布示意图

图 8－1 为消费者连续体消费方式概率分布示意图。其中，图 8－1（1）为过度节俭人口占较大比例的社会，呈现过度节俭左偏的偏态分布；图 8－1（2）是过度消费人口占较大比例的社会，呈现过度消费右偏的偏态分布；图 8－1（3）是适度消费人口占较大比例的社会，大部分人秉承适度消费的方式生活。

图 8－1（1）和（2）的社会状况都是不可取的，过度节俭在生产力落后的社会中是普遍存在的现象，如我国的封建社会以及改革开放之前的社会，大多数人生活贫困，加之落后的生产力限制了消费的扩张，人们除了采用极端节俭的消费方式来维持生计以外，也没有什么更好的办法来解决当时面临的难题，大多数人在短时间内无法实现消费升级。另外，过于节俭的行为也反过来限制了生产力的发展，消费的不足导致了生产的动力不足。但改革开放后，随着几十年来经济的高速发展，以及扶贫工作的进行，过度节俭的人口在绝对数上及占总人口比例上不断减少，目前主要集中于中老年群体，取而代之的是过度消费群体的快速增加。伴随着经济发展，消费主义在社会中开始慢慢盛行，过度消费、超前消费现象在当今社会比比皆是。虽然对消费升级的追求有能够提升消费者满足感等众多优点，居民对消费品质的适宜追求对提高个人效用及经济增长是有利的，但对消费升级追求不当也会产生许多不好的影响。现今社会，许多人对消费

的过度追求催化了超前消费、奢侈消费现象，一些消费者对品牌、品质的过度追求使消费水平超过了自身收入能支撑的水平，甚至因为过度消费行为与收入不匹配，导致了一批"隐形贫困人口"的出现。虽然过度节俭不是消费升级的方向与结果，但消费升级也不应该是过度消费，而是应该体现为适度消费。人消费的根本目的是满足自身需要，即消费者是消费的主体，商品作为消费的客体是服务于消费者的。当消费主义盛行，需求产生异化，消费就不再是为了满足人的真实需要，而是为了满足资本家的资本增殖的需要，消费会很容易超过合宜性需求的数量，从而导致过度消费现象发生。这样的消费短时期内可能会对经济增长产生很好的推动作用，但从长期来看，这种大量消耗资源的消费方式会造成经济发展的不可持续。这种消费更多商品数量的现象同时遮蔽了人们真实的幸福追求，变成了衡量人本身价值的工具，不会给人们带来持久的存在感和幸福感，而是成了消费升级的陷阱。居民在消费升级过程中应以适宜性消费理念为消费行为指引，一方面应"查缺补漏"，多消费自己目前不具有但对自己真实有益的商品与服务，如增加对文化知识的消费等；另一方面应"去芜存菁"，减少消费自己目前具备但却对自己不利的消费品，如饮食过量与食品结构失衡等在量上或结构上失调的消费行为。此外，应保持或提升对自己身心有益的消费内容。

8.6 增强居民绿色消费理念，促成绿色健康的高品质消费风尚

城乡居民消费品质升级对经济高质量发展的非线性关系检验结果显示出倒"U"形特征，说明了当跨过一定的消费品质升级水平，消费升级会对经济高质量发展起到抑制作用，因而不能一味地鼓励无限度的居民消费升级，还应该加强对居民消费理念的引导。无论是消费结构的改变还是消费品质的提升，抑或是消费总量水平的增加都是在消费者消费理念的参与之下完成的，即消费者的消费理念影响着消费者的需求结构和品质等发展

变化，消费理念的差别使不同的人存在着不同的消费模式。消费理念可以有多种维度，不同的消费理念会引致不同的消费需求，而对经济高质量发展影响最为重要的莫过于绿色消费理念，因此要在居民消费升级过程中强化居民绿色消费理念，增强居民的绿色环保意识，促进绿色消费与可持续性消费，改变居民绿色消费品和非绿色消费品的需求结构，使居民在收入允许的前提下，选择购买更多的绿色消费产品，且在处置环节选择更加绿色的方式处置闲置物品，增强消费者在产品处置环节的环保节约行为。

目前我国经济面临着供给过剩、内需不足的双重难题，在新常态下，由投资和出口拉动经济增长的效果愈发不明显，但与此同时，我国消费市场仍有很大的提升空间。2020 年我国居民消费占 GDP 比率只有 40%左右，远低于美国、英国，与日本、韩国、印度等国也有很大的差距，尚未充分发挥消费对经济发展的基础性作用，依靠消费促进经济发展的空间依然存在。但是，在消费主义盛行的世界里，在不改善消费者消费理念的前提下，一味地强调消费升级可能会助长“过度消费”“奢侈浪费”之风，虽然这可能会促进经济的增长，但却无法真正实现经济的高质量发展。消费主义盛行同时也会让生态问题更加严峻，而“生态问题归根结底是经济发展方式问题”。居民绿色消费理念会影响消费偏好，受绿色消费理念的影响，居民在消费时会选择更多绿色产品，而且对价格较高的新兴绿色产品也会形成有效需求，这会对绿色生产技术起到催化作用，使需求端和供给端共同发力促进绿色发展。居民绿色消费理念最终会改变市场中的商品结构，使绿色商品的消费市场扩大，非绿色商品的消费市场缩小，进而引导转变经济发展方式，并推动生产方式的绿色转型，从而改变整个社会的生产结构和消费结构，纾解经济发展与环境保护之间的冲突，助推环境改善和经济高质量发展。

面对越来越严重的生态环境问题以及新冠疫情的暴发给人们带来的心理冲击，绿色健康消费理念正慢慢渗入到我国一些消费者的思想中，但总体而言，我国居民的生态保护意识依然不够强，在居民群体内拥有绿色消费理念的人比例依然较小。假如大部分居民都拥有并践行绿色消费理念，将对经济高质量发展产生强大的推动力。

绿色健康商品的优点是客观实际的，这些商品不但具有节约资源减少污染的特点，更重要的是增加它们的消费对消费者也大有益处。但现实中，绿色健康商品的消费规模并不大，在所有消费中只占很小的比重。一方面可能是因为居民在消费时的信息不对称，居民可能并不知道什么是绿色商品与非绿色商品，甚至也不知道绿色商品对自己乃至社会的具体益处等信息，因此也就没有了购买绿色商品的意识。这就需要商家及政府加强绿色产品的信号显示，尤其是要向从没有购买过、对绿色商品不了解的潜在消费者进行信号显示，如对绿色商品的商标标注得更加明显、增加绿色商品的推销等，进行相关的知识普及与促销活动，要力争在短时间内全面提升居民对绿色产品的认知度与认可度，并由此形成绿色消费风尚。另一方面，绿色商品一般限于成本较高的原因，在市场上出售的价格可能比同类非绿色商品要高很多，成为限制绿色商品市场扩大的主要因素。因此，政府提倡消费绿色产品的同时，要通过相关扶持政策推动绿色消费产品提质降本降价，使绿色商品能够惠及到更多消费者群体。作为消费者，要自觉树立起环境保护意识，主动获取更多与绿色产品相关的信息与知识，增强对绿色产品的偏好，减少对环境有污染的非绿色商品的消费。

8.7 鼓励居民群体消费分享，促进共享经济发展

现实生活中，大部分人对具体商品的合理需求是有限的，抛开某些商品所具有的投资属性，人对大部分商品的需求是极其有限的，比如人们对食物与水、日化用品、家电、服装的需求等，我们不可能无限多的消费某种商品，即使有能力去购买很多商品，但因为消费时间的有限性（一天24小时的硬约束以及抛去诸如工作、睡眠等非消费的时间，花在消费产品上的时间将是极其有限的）加之大多数产品具有较短的保质期，许多商品消费者购买后并不能很好地去使用，利用效率极低。这些部分商品有些被闲置，有些被当做废物处理，从而造成了资源的浪费，不利于绿色发展

与经济的高质量发展。而居民群体之间的消费共享可以有效解决这些问题，能够盘活居民手中闲置商品，从而起到节约资源、提升经济发展质量的益处。因此要鼓励居民群体内的共享消费，促进共享经济发展。

三浦展在《第四消费时代》中描述了日本目前进入了“第四消费时代”，其主要特点是消费的共享性。在“第四消费时代”中，消费更加注重社会关系而非强调对产品的绝对所有权占有，更关注于产品带来的使用价值以及满足感，私有主义逐渐让位于共享意识，个人意识逐渐过渡到社会意识，利他主义渐渐增强。而我国目前的消费现状还未体现上述特征，但未来是否会步入消费共享时代取决于居民的消费理念是否能够朝着共享消费方向发展。如果我国有更多的居民秉持共享消费理念的话，我国的消费共享时代也会在不久之后来临。因此，今后应采取多方面举措增进居民的共享消费理念和共享消费行为，在不改变物品所有权的情况下，促进居民群体之间闲置物品的共享利用，鼓励居民不要将手中那些无用或用处不大的物品轻易丢弃或束之高阁，而是可以通过产品的租赁或出借转移给其他更需要的消费者继续使用，增强商品的利用效率。政府部门应在社区内建立共享消费的社交渠道，培育租赁公司和租赁市场等，并配套相应的监管措施，加强责任落实与监管，让邻里之间可以安心共享。这样以共享的方式处理手中的商品不仅可以提升物品利用的效率、延长商品的使用寿命，使资源得到充分利用，同时也能起到节约资源、保护环境的作用，有利于经济的绿色发展。同时还可以使居民更加关注社会，更加注重人际关系的充实感，从而实现个体的福利提升和社会整体的高质量发展。

第9章 研究结论与展望

9.1 研究结论

改革开放以来，我国经济高速发展，积累了巨量的物质财富，但粗放型的发展模式使我国经济的发展质量一直不高，低端产业产能过剩，高端产业发展不足，资源消耗过度，环境污染严重，种种问题制约着我国经济发展质量的提升。自新发展理念提出以来，我国绿色发展取得了一定的成效，但长期积累的生态坏账太多，资源环境约束的现状短时难以解决，经济高质量发展之路依然漫长。居民消费作为生产的最终环节，是影响经济发展和环境质量的重要因素，要想实现经济高质量发展，离不开消费的驱动与引导。本书分别从居民消费结构升级和居民消费品质升级两个角度出发，研究了居民消费升级是如何影响经济高质量发展水平的。本书主要的研究结论如下：

（1）通过对居民消费结构升级影响经济发展质量的内在机理分析，可以发现居民消费结构升级对创新发展的影响主要是由于高层次消费占比提升驱动了科技创新、产品创新；对协调发展的影响主要是作用于产业结构协调、区域协调、城乡协调。一方面，居民消费结构升级有利于产业的高端化和服务化；另一方面，居民消费结构升级影响着部分消费者的迁移行为，进而影响区域协调与城乡协调。因此，对协调发展的作用方向可能是双向的。居民消费结构升级使服务型消费占比提升，这有益于环境的改善，但同时伴随着居民消费结构升级的不合理消费行为可能会对绿色发展起到不利的影响。居民消费结构升级对开放发展的影响机理主要是，一方面，居民消费结构升级有利于产品结构的调整，可以提升本土企业产品的竞争力，从而提升国际市场的竞争力，有利于出口；另一方面，因国内供给侧短期内无法满足居民消费结构升级的部分需求，相关产品或生产技术需要依靠国外供给来满足，从而有利于进口。另外，居民消费结构升级也有利于国内区域间打破壁垒，提升市场化。对于共享发展，居民消费结构升级一方面可以扩大总产出，提升社会财富总量，另一方面可以创造新的就业岗位，总体上有利于共享发展的实现。总的来说，居民消费结构升级对经济高质量发展影响的方向与强弱取决于居民消费结构升级对创新、协调、绿色、开放和共享五个分维度影响的大小与强弱。

通过对居民消费品质升级影响经济发展质量的机理分析可知，因非位似偏好的存在，居民在消费品质升级过程中会更偏好同类中更高品质的产品，因此，在预算约束下会对高品质产品需求增加，同时减少低品质产品消费。这就导致了技术含量更高的产品市场空间扩大，从而促进了创新发展的实现。对于协调发展的影响，一方面，居民消费品质升级带动了产业的高端化及服务业的发展，有利于产业协调发展；另一方面，因消费品质升级增强了居民对地方消费环境的要求，随着人口向能够提供更好的本地化消费机会的地方移动，人力资本重新在区域间进行了分配，而因人力资本的不同，相应的地区发展差异就会显现，从而影响了区域协调发展。而且，由于城乡之间所能够提供的消费品品质的差异性，农民为了更好地满足消费品质升级需求，从农村迁移到城市，这也就导致了城镇化率的提升与城乡经济发展差距的扩大，因此影响到了城乡协调发展。对于绿色发展，一方面居民消费升级提高了居民绿色健康消费意识，居民会选择消费更多绿色商品，因此有利于绿色发展的实现；另一方面，由于狄德罗效应的存在，消费品质升级可能永无上限，不适宜地、过度地追求消费品质将会对环境带来灾难性的后果，不利于绿色发展。对于开放发展的影响，基于林德的重叠需求理论，两国之间的收入水平和消费质量越相似，越有利于国际贸易。居民消费品质升级提高了国内厂商竞争力，有利于对外投资的顺利开展。此外，高品质商品在国内市场份额的扩大，会吸引国外高端品牌来国内进行投资建厂，以便获得超额利润，从而促进了开放发展水平。对于共享发展的影响，居民消费品质升级同样会影响就业结构和社会财富的增值与分配，从而影响经济的共享发展。综合来看，居民消费品质升级对经济高质量发展影响的方向与强弱取决于居民消费品质升级对创新、协调、绿色、开放和共享五个分维度影响的大小与强弱。

（2）基于对我国消费现状的分析可以看出，我国居民消费水平呈现出稳步上升的趋势。与此同时，居民消费结构也在逐渐地优化调整，衣服、食品等基础性消费占总消费的比重在渐渐降低，而以教育文化娱乐、医疗保健、交通通信等为代表的享受型和发展型消费类别占总消费的比重在逐渐上升。从消费结构升级特征分析来看，无论是传统的表征居民消费结构升级的恩格尔系数，还是居民高层次消费占比，抑或是通过加权计算得到的居民消费结构升级率都显示出我国居民消费目前处于消费结构升级阶段，城乡居民消费结构升级趋势明显。与此同时，我国居民的品质消费也处于发展变化之中。改革开放前，人们普遍没有品质消费升级能力；改革开放后，人们收入得到大幅提升，尤其是随着经济进入新常态以及居民健康意识的提升，品质消费、绿色健康消费逐渐兴起，居民消费品质升级趋势明显。

（3）对我国经济高质量发展水平的区域差异性和时空变化趋势的计算结果显示：第一，2000—2019 年我国经济高质量发展综合指数得到了一定幅度的提升。经济高质量发展指数均值从期初的 0.137 7 增加到期末的 0.300 2，多年平均值为 0.204，年均增长 4.19%。从分维度来看，2000—2019 年我国创新发展维度指数表现出增长态势，由期初的 0.114 7 提升到期末的 0.252 6，多年平均值为 0.149 1，年均增长率为 4.25%；从协调发展指数来看，20 年间协调发展指数整体呈现稳增长态势，由期初的 0.203 6 增长到期末的 0.313 6，均值为 0.239 6，年均增长率为 2.30%；绿色发展维度指数整体呈现波动下降的趋势，2000—2019 年由期初的 0.258 0 略降到 0.255 4，均值为 0.256 9，年均增长率约为一

0.05%；开放发展维度指数由期初的0.119 0上升到期末的0.187 9，增长了0.068 9，多年平均值为0.170 3，年均增长率为2.43%；共享发展维度指数从2000年的0.128 2上升到2019年的0.394 0，增长了0.265 8，多年平均值为0.233，年均增长率为6.09%。总体而言，创新发展维度与开放发展维度是五个维度中指数增幅排名靠前的，变化最小的绿色发展维度。第二，我国经济高质量发展水平的变化趋势大致呈现出东高西低的发展格局。经济发展质量较好的省份一般都集中于东部地区，而经济发展质量较差的大多集中于中西部地区，这也就导致了东部区域的经济高质量发展水平要高于中西部地区，省份间和东中西部之间的区域差异都很明显。第三，从南北方地区来看，我国南北方地区的经济发展质量由期初的相差无几，发展到期末南方地区领先于北方地区，从时间趋势上来看二者之间的差异变得越来越大。北方地区历来以重工业为主的经济发展结构等因素使其经济高质量发展进程缓慢，而南方地区由于人力资本的大量流入以及经济的结构性调整，使经济发展的质量逐渐赶超了北方地区。

（4）在机理分析的基础之上，进一步实证研究了居民消费结构升级与经济高质量发展的关系，研究结果显示：第一，总体上来看，无论是城市居民消费结构升级还是农村居民消费结构升级都能助推我国经济的高质量发展；分维度来看，城市居民消费结构升级对创新发展、绿色发展及开放发展维度具有显著正向促进作用，农村居民消费结构升级对创新发展、协调发展、绿色发展及共享等发展维度具有显著的正向推动作用。第二，从区域异质性来看，城市居民消费结构升级对于东中西部地区经济高质量发展水平都具有显著的促进作用，且在中部地区，城市居民消费结构升级对经济高质量发展的促进作用系数值更大。农村居民消费结构升级能够显著促进中西部地区的经济高质量发展，对东部地区影响的回归结果虽然是正值，但结果不显著。从南北方地区来看，无论是城市居民消费结构升级还是农村居民消费结构升级对南北方地区的经济高质量发展均起到了正向的促进作用，但城乡居民消费结构升级对北方地区经济高质量发展的影响系数值更大，这一结果说明现阶段北方地区居民消费结构升级对经济高质量发展的促进作用要比南方地区更强。第三，从居民消费结构升级对经济高质量发展影响的非线性结果来看，农村居民消费结构升级与经济高质量发展呈现倒“U”形关系，回归结果显示城市居民消费结构升级的平方项的系数虽然为正，但是不显著。

（5）居民消费品质升级促进经济高质量发展的回归结果显示：第一，城市居民消费品质升级和农村居民消费品质升级可以显著促进经济高质量发展。从分维度上来看，城市居民消费品质升级对创新发展、协调发展、绿色发展和开放发展的结果具有显著性，其中，对协调发展具有负向的显著作用，对创新发展、绿色发展和开放发展具有显著的正向促进作用；农村居民消费品质升级对创新发展、协调发展、绿色发展、开放发展和共享发展均具有显著的促进作用。第二，从我国东中西部区域异质性分析来看，城市居民消费品质升级对东西部地区经济高质量发展水平的提高均具有显著的促进作用，但是对中部地区的影响不显著。农村居民消费品质升级对东中西部地区经济高质量发展水平均具有显著的正向作用，且对东部地区的影响系数值更大。第三，从南北方地区区域异质性来看，城市居民消费品质升级对南北方地区经济高质量发展水平的提高均具有显著的促进作用，且对北方地区的影响系数值更大，对南方地区的影响系数值小于北方地区。农村居民消费品质升级对南北方地区经济高质量发展的回归结果均为正值，但对南方地区的影响不显著。第四，进一步拓展研究结果显示，城乡居民消费品质升级平方项的系数均为显著的负数，说明城乡居民消费品质升级对经济高质量发展水平的影响都具有倒“U”形的非线性显著关系，城乡居民消费品质升级达到一定程度后，其对经济高质量发展将会产生抑制作用。

（6）本书还根据理论与实证分析的相关结果，对居民消费升级促进经济高质量发展提出了一系列的政策建议：第一是要加快不同档次消费品的替代转化，着力完善产能淘汰机制。第二是要改善农村地区和中西部地区的消费环境，助推居民消费升级。第三是要缩小居民之间的收入差距，努力推动共同富裕。第四是要针对不同的收入群体，采取有针对性的、适宜的促进消费升级措施。第五是要大力提倡适度消费，促进居民理性的消费升级。第六是要增强绿色健康商品的信号显示，促进全社会形成绿色健康的高品质消费风尚。第七是鼓励居民群体之间进行消费共享，促进共享经济发展等。

9.2 研究局限与未来展望

有关消费升级与经济高质量发展的研究仍存在难点和未突破领域，亟待在后续的研究中予以推进。由于作者能力有限，在写作中也存在一些问题及不足。

（1）居民消费结构升级的度量有待进一步统一。目前学术界对居民消费结构升级的度量方法与衡量指标并没有达到统一，研究成果主要集中于恩格尔系数法、不同消费品类的加权赋值法、高层次消费占比法等方法，不同衡量指标的结果会有一定的差异性。在后续的深化研究中，可进一步探索研究一些更加权威、更加科学的居民消费结构升级评价方法，如果有可能，通过领域内学者的继续努力，争取建立一个理想的统一衡量居民消费结构升级的标准与指标。

（2）本书在研究居民消费升级对经济高质量发展的影响中，考虑到我国城乡二元结构导致的城乡居民消费的巨大差异性，直接区分了城乡居民样本，并分别研究了城乡居民消费升级对经济高质量发展的具体影响，没有研究整体居民消费升级对经济高质量发展的相关影响，在后续研究中可以通过科学的整合方式，把城乡居民消费升级合并为一个整体居民消费升级的指标，进而得到居民整体的消费升级水平与消费升级趋势，并研究其对经济高质量发展的影响。

（3）在经济高质量发展指标构建过程中，鉴于数据的可得性和可操作性，本书对经济高质量发展指标体系的构建主要借鉴了领域内其他学者的现有研究成果，基本选用了能够收集到数据的相关指标，对指标选择的创新性尚显不够，没有提出更新的、更具代表性的经济高质量发展指标体系，在今后的研究中可以根据我国不同区域的发展特点，尝试进一步扩大指标的选择范围，构建更加精准的指标体系。

（4）由于我国居民所消费的产品和服务类别众多，对居民消费的每种商品的品质升级全面量化是件较为困难甚至是无法完成的工作。在研究中，本书借鉴了以往学者的研究成果，用满足人类生存需要的衣、食、住等生存型基础类消费的增长率来刻画居民消费品质升级，虽然具有较强的科学性与代表性，但全面性尚显欠缺。后续若有更详细的商品分类数据，可通过建立相关模型，进一步深入研究居民消费品质升级对经济高质量发展的影响。

参　考　文　献

安虎森，周江涛，2021. 影响我国南北经济差距的主要因素分析［J］. 经济纵横（7）：28－38.

白重恩，李宏彬，吴斌珍，2012. 医疗保险与消费：来自新型农村合作医疗的证据［J］. 经济研究，47（2）：41－53.

白重恩，吴斌珍，金烨，2012. 中国养老保险缴费对消费和储蓄的影响［J］. 中国社会科学（8）：48－71.

贝克尔，1995. 人类行为的经济分析［M］. 上海：上海人民出版社.

蔡昉，2020. 城市发展中的人口、政府和公共服务［J］. 国外社会科学（2）：15－22.

蔡昉，王美艳，2012. 中国人力资本现状管窥——人口红利消失后如何开发增长新源泉［J］. 人民论坛·学术前沿（4）：58－67，73.

陈斌开，2012. 收入分配与中国居民消费：理论和基于中国的实证研究［J］. 南开经济研究（1）：33－49.

陈斌开，2017. 供给侧结构性改革与中国居民消费［J］. 学术月刊（9）：13－17.

陈昌兵，2018. 新时代我国经济高质量发展动力转换研究［J］. 上海经济研究（5）：11－15.

陈冲，吴炜聪，2019. 消费结构升级与经济高质量发展：驱动机理与实证检验［J］. 上海经济研究（6）：59－71.

陈凯，2016. 绿色消费模式构建及政府干预策略［J］. 中国特色社会主义研究（3）：86－91.

陈昆亭，周炎，2020. 绿色、健康、可持续：高质量发展的必由之路［J］. 山东财经大学学报，32（1）：5－15，25.

陈昆亭，周炎，2020. 有限需求、市场约束与经济增长［J］. 管理世界，36（4）：39－53.

陈昆亭，周炎，2021. 有限需求理论——长期经济增长可持续性及路径稳定性的视角［M］. 北京：人民出版社.

陈彦斌，王兆瑞，2020. 提升居民消费与推动中国经济高质量发展［J］. 人文杂志（7）：97－103.

陈友华，孙永健，2022. 共同富裕：现实问题与路径选择［J］. 东南大学学报（哲学社会科学版），24（1）：100－108，147，149.

陈忠明，郭庆海，姜会明，2018. 居民食物消费升级与中国农业转型［J］. 现代经济探讨（12）：120－126.

程虹，李丹丹，2014. 一个关于宏观经济增长质量的一般理论基于微观产品质量的解释［J］. 武汉大学学报（哲学社会科学版）（3）：79－86.

程名望，张家平，2019. 新时代背景下互联网发展与城乡居民消费差距［J］. 数量经济技术经济研究，36（7）：22－41.

崔耕瑞，2021. 消费升级、产业升级与经济高质量发展［J］. 统计与决策，37（15）：114－118.

崔建军，王利辉，2014. 金融全球化、金融稳定与经济发展研究［J］. 经济学家（2）：92－100.

戴伟，张雪芳，2017. 金融发展、金融市场化与实体经济资本配置效率［J］. 审计与经济研究，32（1）：117－127.

戴永务，陈宇鈜，2020. 股权激励促进慈善捐赠了吗？［J］. 财经问题研究（10）：55－63.

党爱民，2004. 过剩经济学［M］. 广东：广东经济出版社.

邓明，2013. 财政支出、支出竞争与中国地区经济增长效率［J］. 财贸经济（10）：27－37.

董亚宁，顾芸，杨开忠，2021. 公共服务、城市规模与人才区位——基于新空间经济学理论的分析［J］. 科技进步与对策，38（1）：132－139.

杜丹清，2017. 互联网助推消费升级的动力机制研究［J］. 经济学家（3）：48－54.

杜俊平，叶得明，2008. 基于VAR模型的农村居民消费结构演进与经济关系分析［J］. 湖南农业科学（5）：128－130.

杜伟，杨志江，夏国平，2014. 人力资本推动经济增长的作用机制研究［J］. 中国软科学（8）：173－183.

方大春，马为彪，2019. 中国省际高质量发展的测度及时空特征［J］. 区域经济评论（2）：61－70.

方福前，2021. 中国居民消费潜力及增长点分析——基于2035年基本实现社会主义现代化的目标［J］. 经济学动态（2）：50－64.

方福前，孙文凯，2014. 政府支出结构、居民消费与社会总消费——基于中国2007—2012年省级面板数据分析［J］. 经济学家（10）：35－44.

冯献，崔凯，2013. 中国工业化、信息化、城镇化和农业现代化的内涵与同步发展的现实选择和作用机理［J］. 农业现代化研究，34（3）：269－273.

高勇强，陈亚静，张云均，2012. “红领巾”还是“绿领巾”：民营企业慈善捐赠动机研

究 [J]. 管理世界 (8)：106 - 114，146.

耿献辉，江妮，2017. 消费升级对产业结构调整的影响研究——进口产品质量对国内企业研发能力的分析 [J]. 价格理论与实践 (6)：154 - 157.

郭克莎，杨阔，2017. 长期经济增长的需求因素制约——政治经济学视角的增长理论与实践分析 [J]. 经济研究 (10)：4 - 20.

郭鹏，2007. 我国居民消费结构升级的相关问题研究 [J]. 江西社会科学 (11)：139 - 142.

杭斌，闫新华，2013. 经济快速增长时期的居民消费行为——基于习惯形成的实证分析 [J]. 经济学 (季刊)，12 (4)：1191 - 1208.

赫尔曼·E·戴利，2001. 超越增长：可持续发展经济学 [M]. 上海：上海译文出版社.

赫尔曼·海因里希·戈森，1997. 人类交换规律与人类行为准则 [M]. 北京：北京商务出版社.

侯博文，2021. 需求有限性与经济增长效应的影响研究 [J]. 云南财经大学学报 (3)：27 - 41.

侯春辉，2018. 居民消费升级与产业结构升级的互动关系——基于西部省份的研究 [J]. 现代商贸工业 (13)：4 - 6.

胡敏，2018 - 01 - 18. 高质量发展要有高质量考评 [N]. 中国经济时报.

黄隽，李冀恺，2018. 中国消费升级的特征、度量与发展 [J]. 中国流通经济，32 (4)：94 - 101.

黄曼如，2019. 中国消费升级对进口的影响机理及实证研究 [D]. 杭州：浙江工商大学.

黄吓珠，2014. 福建省城乡居民消费结构与产业结构协调发展研究 [J]. 福建农林大学学报 (2)：28 - 34.

黄宇，2008. 品质升级的衡量与评价——基于对转型时期我国耐用品的实证分析 [J]. 产业经济评论 (3)：103 - 114.

黄赜琳，秦淑悦，2021. 市场一体化对消费升级的影响——基于“量”与“质”的双重考察 [J]. 中国人口科学 (5)：18 - 31，126.

纪玉俊，2007. 消费需求升级与产业链分工制度安排选择 [J]. 山西财经大学学报 (11)：21 - 26.

季陶达，1978. 资产阶级庸俗政治经济学选辑 [M]. 北京：商务印书馆.

蒋瑛，黄其力，2021. 有效投资促进“双循环”新发展格局形成的机理研究 [J]. 求是学刊 (3)：75 - 85.

杰文斯，1984. 政治经济学原理 [M]. 郭大力，译. 北京：商务印书馆.

金碚，2014. 工业的使命和价值——中国产业转型升级的理论逻辑［J］. 中国工业经济（9）：51－64.

金碚，2018. 关于“高质量发展”的经济学研究［J］. 中国工业经济（4）：5－18.

康金红，戴翔，2021. 消费升级与价值链攀升：来自我国制造业企业的证据［J］. 商业研究（3）：345－368 .

莱昂·瓦尔拉，1987. 纯粹经济学要义［M］. 北京：商务印书馆 .

莱恩·多亚尔，伊恩·高夫，2008. 人的需要理论［M］. 北京：商务印书馆 .

李兵，郭冬梅，刘思勤，2019. 城市规模、人口结构与不可贸易品多样性——基于“大众点评网”的大数据分析［J］. 经济研究，54（1）：150－164.

李春风，陈乐一，刘建江，2013. 房价波动对我国城市居民消费的影响研究［J］. 统计研究，30（2）：14－22.

李稻葵，刘淳，庞家任，2016. 金融基础设施对经济发展的推动作用研究——以我国征信系统为例［J］. 金融研究（2）：180－188.

李方正，2015. 我国需求结构演进与经济增长关系研究［D］. 北京：首都经济贸易大学 .

李慧，2015. 发展视角下的经济增长质量研究：内涵、测度及影响因素分析［D］. 武汉：武汉大学 .

李建伟，2018. 居民收入分布特征及其影响因素［J］. 改革（4）：57－72.

李金昌，史龙梅，徐蔼婷，2019. 高质量发展评价指标体系探讨［J］. 统计研究（1）：4－14.

李梦欣，任保平，2019. 新时代中国高质量发展的综合评价及其路径选择［J］. 财经科学（5）：26－40.

李世美，狄振鹏，2020. 消费升级内涵、影响因素与经济效应的文献述评［J］. 财会月刊（15）：135－140.

李世美，谭宓，狄振鹏，2020. 双循环新格局下我国居民消费升级的制度经济学分析［J］. 重庆社会科学（12）：75－87.

李子联，朱江丽，2014. 收入分配与自主创新：一个消费需求的视角［J］. 科学学研究，32（12）：1897－1908.

栗建，2016. 消费升级浪潮下的品牌“重启”［J］IT 经理世界（19）：52－54.

梁军，2015. 生态文明导向消费结构与产业生态化研究［J］. 上海经济（6）：39－43.

梁艳艳，杨巧，陈诚，2018. 收入分配、房价与居民消费［J］. 宏观经济研究（12）：23－35.

林白鹏，1993. 走出精神文化消费怪圈的思路［J］. 消费经济（1）：3－4.

林春，孙英杰，2017. 财政分权背景下的经济增长质量地区差异——基于系统 GMM 及门槛效应的检验 [J]. 财经论丛（12）：33－42.

林晓珊，2017. 增长中的不平等：从消费升级到消费分层 [J]. 浙江学刊（3）：112－120.

凌永辉，刘志彪，2020. 内需主导型全球价值链的概念、特征与政策启示 [J]. 经济学家（6）：26－34.

刘金凤，魏后凯，2019. 城市公共服务对流动人口永久迁移意愿的影响 [J]. 经济管理，41（11）：20－37.

刘金全，于惠春，2002. 我国固定资产投资和经济增长之间影响关系的实证分析 [J]. 统计研究（1）：26－29.

刘璐，张泽，2016. 怎样应对新常态下的消费需求升级 [J]. 经营天下（1）：45－47

刘瑞，郭涛，2020. 高质量发展指数的构建及应用——兼评东北经济高质量发展 [J]. 东北大学学报（社会科学版），22（1）：31－39.

刘伟，蔡志洲，2012. 扩大消费与提高经济增长效率 [J]. 经济纵横（1）：34－39.

刘向东，米壮，2020. 中国居民消费处于升级状态吗——基于 CGSS2010、CGSS2017 数据的研究 [J]. 经济学家（1）：86－97.

刘亚雪，田成诗，程立燕，2020. 世界经济高质量发展水平的测度及比较 [J]. 经济学家（5）：69－78.

刘友金，周健，2018. “换道超车”：新时代经济高质量发展路径创新 [J]. 湖南科技大学学报（社会科学版）（1）：49－57.

刘渝琳，王志珏，2014. 收入分配理论的拓展：福利性第三次收入分配的研究述评 [J]. 经济问题探索（1）：161－167.

刘智勇，李海峥，胡永远，等，2018. 人力资本结构高级化与经济增长——兼论东中西部地区差距的形成和缩小 [J]. 经济研究，53（3）：50－63.

刘子兰，陈梦真，2010. 养老保险与居民消费关系研究进展 [J]. 经济学动态（1）：102－105.

龙少波，丁露，裴红霞，2020. 开放条件下中国式技术变迁对居民消费的影响研究 [J]. 改革（2）：57－70.

娄伶俐，2009. 主观幸福感的经济学理论与实证研究 [D]. 上海：复旦大学.

吕炜，赵佳佳，2007. 中国经济发展过程中的公共服务与收入分配调节 [J]. 财贸经济（5）：45－52，128－129.

吕宗耀，2011. 消费餍足性假设下的收入分配与经济增长 [D]. 武汉：华中科技大学.

罗超平，张梓榆，王志章，2016. 金融发展与产业结构升级：长期均衡与短期动态关系［J］. 中国软科学（5）：21－29.

罗铭杰，刘燕，2020. 新时代绿色消费理念的问题指向、内涵要义及价值意蕴［J］. 经济学家（7）：21－29.

马青，傅强，2017. 地区市场规模与金融发展：制度环境的门槛效应［J］. 国际金融研究（2）：24－35.

马秀贞，2016. 基于消费结构变化视角的产业投资方向演进［J］. 中共杭州市委党校校报（2）：50－54.

马跃，2020. 呼包鄂榆城市群经济高质量发展研究［D］. 呼和浩特：内蒙古师范大学.

迈克尔・R・所罗门，2009. 消费者行为学（第8版・中国版）［M］. 北京：中国人民大学出版社.

毛中根，谢迟，叶胥，2020. 新时代中国新消费：理论内涵、发展特点与政策取向［J］. 经济学家（9）：64－74.

毛中根，杨丽姣，2017. 经济全球化背景下供给侧改革与居民消费结构升级［J］. 财经科学（1）：72－82.

门格尔，2005. 国民经济学原理上［M］. 刘絜敖，译. 上海：上海人民出版社.

孟慧霞，陈启杰，2011. 系统观视阈下的消费结构升级［J］. 上海财经大学学报（2）：91－97.

南楠，程中海，2021. 国内贸易概念解构、测度与启示［J］. 经济学家（10）：32－40.

牛文元，2007. 科学发展观的理论认知［J］. 中国科学院院刊（2）：120－125.

欧阳伟如，2018. 收入分配对产品质量的影响［D］. 武汉：武汉大学.

祁京梅，2008. 我国消费需求趋势研究及实证分析探索［M］. 北京：中国经济出版社.

祁晓冬，1996. 从基数效用模型导出的个人需求函数［J］. 经济研究（12）：69－77.

钱纳里，等，2015. 工业化和经济增长的比较研究［M］. 吴奇，王松宝，译. 上海：格致出版社.

钱婷婷，2016. 我国消费结构与产业结构互动机制的理论探讨［J］. 湖南行政学院学报（3）：80－85.

任保平，2012. 经济增长质量：理论阐释，基本命题与伦理原则［J］. 学术月刊（2）：63－70.

任保平，李禹墨，2018. 新时代我国高质量发展评判体系的构建及其转型路径［J］. 陕西师范大学学报（哲学社会科学版）（3）：105－113.

任保平，秦华，2021. 中国共产党百年开放思想的实践探索与理论创新［J］. 政治经济学评论，12（4）：67－82.

任保平，宋雪纯，2020. 以新发展理念引领中国经济高质量发展的难点及实现路径［J］. 经济纵横（6）：45－54.

任保平，魏婕，郭晗，等，2017. 超越数量——质量经济学的范式与标准研究［M］. 北京：人民出版社.

三浦展，2014. 第四消费时代［M］. 北京：东方出版社.

佘欣艺，许光建，许坤，等，2021. 扩大有效需求推动供给升级加快构建新发展格局——2020年宏观形势分析与2021年展望［J］. 宏观经济管理（3）：30－40.

沈正平，2013. 优化产业结构与提升城镇化质量的互动机制及实现途径［J］. 城市发展研究，20（5）：70－75.

盛志君，黄从成，谯娜，2018. 绿色发展背景下推动吉林省消费升级的对策研究［J］. 产业经济（1）：36－42.

师博，任保平，2018. 中国省际经济高质量发展的测度与分析［J］. 经济问题（4）：1－6.

石明明，江舟，周小焱，2019. 消费升级还是消费降级［J］. 中国工业经济（7）：42－60.

石明明，刘向东，2015. 空间、消费黏性与中国低消费率之谜［J］. 中国人民大学学报，29（3）：46－56.

石奇，尹敬东，吕磷，2009. 消费升级对中国产业结构的影响［J］. 产业经济研究（11）：7－12.

孙豪，桂河清，杨冬，2020. 中国省域经济高质量发展的测度与评价［J］. 浙江社会科学（8）：4－14，155.

孙豪，毛中根，王泽昊，2020. 消费降级：假象及其警示［J］. 经济与管理，34（3）：19－26.

孙皓，胡鞍钢，2013. 城乡居民消费结构升级的消费增长效应分析［J］. 财政研（7）：56－62.

孙皓，宋平平，2019. 城镇和农村居民消费结构的升级与趋同——基于强度与因素视角的分析［J］. 西南民族大学学报（人文社科版）（12）：113－120.

孙耀武，2017. 增强消费对经济发展的基础性作用［J］. 学习时报（2）：1－2.

台航，崔小勇，2017. 人力资本结构与经济增长——基于跨国面板数据的分析［J］. 世界经济文汇（2）：48－71.

唐琦，夏庆杰，李实，2018. 中国城市居民家庭的消费结构分析：1995—2013［J］. 经济研究（2）：37－51.

田秋生，2018. 高质量发展的理论内涵和实践要求［J］. 山东大学学报：哲学社会科学版，231（6）：7－14.

涂正革，2008. 环境、资源与工业增长的协调性［J］. 经济研究（2）：93－105.

万勇，2012. 城市化驱动居民消费需求的机制与实证——基于效应分解视角的中国省级区域数据研究［J］. 财经研究（6）：124－133.

汪伟，刘玉飞，2017. 人口老龄化与居民家庭消费结构升级［J］. 山东大学学报（哲学社会科学版）（5）：84－92.

汪伟，刘志刚，龚飞飞，2017. 高房价对消费结构升级的影响［J］. 学术研究（8）：87－94.

王虎邦，刘伟江，胡子毓，2019. 居民杠杆、消费升级与经济平稳增长［J］. 现代经济探讨（4）：15－22.

王晶，2019. 扩大消费需求促进产业结构升级［J］. 农业经济（7）：52－53.

王珺，2017. 以高质量发展推进新时代经济建设［J］. 南方经济（10）：10－13.

王宁，2014. 地方消费主义、城市舒适物与产业结构优化——从消费社会学视角看产业转型升级［J］. 社会学研究，29（4）：24－48.

王首元，2013. 居民消费、政府消费与投资均衡关系的一个新模型［J］. 贵州财经大学学报（6）：1－9.

王小鲁，胡李鹏，樊纲，2021. 中国分省份市场化指数报告（2021）［M］. 北京：社会科学文献出版社.

王雪琪，赵彦云，范超，2016. 我国城市居民消费结构变动影响因素及趋势研究［J］. 统计研究（2）：61－67.

王永昌，尹江燕，2019. 论经济高质量发展的基本内涵及趋向［J］. 浙江学刊（1）：91－95.

王裕国，2018. 贯彻“完善促进消费体制机制”的几点思考［J］. 消费经济，34（6）：3－4.

王蕴，黄卫挺，2013. 当前消费形势与提高居民消费的对策建议［J］. 宏观经济管理（7）：12－14.

王蕴，黄卫挺，2013. 消费升级问题研究［M］. 北京：经济科学出版社.

王志博，2019. 中国区域经济实现高质量发展的思路和政策基于高质量发展的评价指标体系构建与分析［J］. 全国流通经济（6）：86－87.

维诺德·托马斯，2001. 增长的质量［M］. 北京：中国财政经济出版社.

魏后凯，2003. 产业转移的发展趋势及其对竞争力的影响［J］. 福建论坛（经济社会版）（4）：13－17.

魏敏，李书昊，2018. 新时代中国经济高质量发展水平的测度研究［J］. 数量经济技术经济研究（11）：3－20.
魏艳艳，2020. 中国省级高质量发展水平测度研究［D］. 郑州：河南大学.
魏勇，杨刚，杨孟禹，2017. 城市居民消费升级特征与动因研判——基于空间溢出视角的实证研究［J］. 经济问题探索（1）：51－63.
文娟，牛旻昱，2012. 投资率与消费率对我国经济增长效率影响实证分析［J］. 市场经济与价格（3）：44－47.
文启湘，2005. 消费经济学［M］. 西安：西安交通大学出版社.
文启湘，冉净斐，2005. 消费结构与产业结构的和谐：和谐性及其测度［J］. 中国工业经济（8）：14－19.
吴建江，2020. 消费视角下我国的产业结构转型升级研究［D］. 南昌：江西财经大学.
夏怡然，陆铭，2015. 城市间的“孟母三迁”——公共服务影响劳动力流向的经验研究［J］. 管理世界（10）：78－90.
向玉冰，2018. 互联网发展与居民消费结构升级［J］. 中南财经政法大学学报（4）：51－60.
肖扬，2018. 质量对企业出口行为的影响研究［D］. 武汉：中南财经政法大学.
徐瑞慧，2018. 高质量发展指标及其影响因素［J］. 金融发展研究（10）：36－45.
徐杨菲，2017. 城市空间中的消费活力与区位价值：影响因素与作用机制［D］. 北京：清华大学.
徐盈之，童皓月，2019. 金融包容性、资本效率与经济高质量发展［J］. 宏观质量研究，7（2）：114－130.
薛军民，靳媚，2019. 消费升级还是消费降级：来自上海市农村居民数据的测算——兼论恩格尔系数衡量居民生活水平的有效性［J］. 上海经济（2）：56－67.
颜色，郭凯明，杭静，2018. 需求结构变迁、产业结构转型和生产率提高［J］. 经济研究，53（12）：83－96.
杨继瑞，薛晓，2017. 消费激发供给侧结构性改革的思考及对策［J］. 消费经济（1）：12－17.
杨明洪，黄平，2020. 南北差距中的结构效应及空间差异性测度［J］. 经济问题探索（5）：1－13.
杨楠，马绰欣，2014. 我国金融发展对城乡收入差距影响的动态倒 U 演化及下降点预测［J］. 金融研究（11）：175－190.
杨水根，王露，2018. 流通创新促进农村居民消费升级吗？——基于中国 2004—2015 年省际面板数据的实证研究［J］. 哈尔滨商业大学学报（社会科学版）（3）：98－107，128.
杨天宇，陈明玉，2018. 消费升级对产业迈向中高端的带动作用：理论逻辑和经验证据［J］. 经济学家（11）：48－54.
杨巍，刘宇，2011. 对影响居民消费需求主因的研究——基于中国 31 个地区面板数据的实证分析［J］. 调研世界（4）：12－17.
杨伟民，2018. 贯彻中央经济工作会议精神推动高质量发展［J］. 宏观经济管理（2）：13－17.
杨耀武，张平，2021. 中国经济高质量发展的逻辑、测度与治理［J］. 经济研究，56（1）：26－42.
叶立新，杜玉兰，2001. 试论消费结构升级［J］. 当代财经（4）：28－30，53.
易昌良，李林，2016. 以金融创新推动我国资源型城市经济转型［J］. 经济研究参考（49）：59－66.
易行健，刘鑫，杨碧云，2016. 城市化对居民消费的影响：基于跨国面板数据的实证检验［J］. 经济问题探索（7）：85－91.
易行健，吴庆源，杨碧云，2013. 中国城市化对农村居民平均消费倾向影响的收入效应与示范效应：2000 年～2009 年［J］. 经济经纬（5）：25－29.
尹世杰，2007. 消费经济学［M］. 北京：高等教育出版社.
袁富华，2016. 供给主导转向需求主导：长期增长过程的调整与效率模式取向［J］. 学术研究（10）：79－89.
袁航，朱承亮，2019. 创新属性、制度质量与中国产业结构转型升级［J］. 科学学研究，37（10）：1881－1891，1901.
袁小慧，范金，王凯，等，2015. 新一轮科技革命背景下居民消费升级对中国产业转型影响研究［J］. 新疆社会科（6）：12－18.
袁晓玲，景行军，赵志华，等，2017. 区域经济增长质量评价体系的构建——基于陕西省 1998—2014 年数据的实证分析［J］. 统计与信息论坛，32（6）：42－47.
袁晓玲，李彩娟，李朝鹏，2019. 中国经济高质量发展研究现状、困惑与展望［J］. 西安交通大学学报（社会科学版），39（6）：30－38.
臧旭恒，2012. 转型时期消费需求升级与产业发展研究［M］. 北京：经济科学出版社.
臧旭恒，2017. 如何看待中国目前的消费形势和今后走势［J］. 学术月刊（9）：5－9.
臧旭恒，李燕桥，2012. 消费信贷、流动性约束与中国城市居民消费行为——基于 2004—2009 年省际面板数据的经验分析［J］. 经济学动态（2）：61－66.

臧旭恒，裴春霞，2004. 预防性储蓄：产生及其决定 [J]. 东岳论丛（6）：88-94.

臧旭恒，张继海，2005. 收入分配对中国城市居民消费需求影响的实证分析 [J]. 经济理论与经济管理（6）：5-10.

臧旭恒，张欣，2018. 中国家庭资产配置与异质性消费者行为分析 [J]. 经济研究（3）：21-34.

张彩云，史琳琰，胡怀国，2014. 消费升级的影响因素及其内在机理：国际比较视野下的实证分析 [J]. 经济学家（10）：35-44.

张春晓，张林南，孙育红，2016. 当前我国居民消费结构新特征及对策 [J]. 经济纵横（8）：37-40.

张建君，2013. 竞争—承诺—服从：中国企业慈善捐款的动机 [J]. 管理世界（9）：118-129，143.

张军，吴桂英，张吉鹏，2004. 中国省际物质资本存量估算：1952—2000 [J]. 经济研究（10）：35-44.

张军扩，侯永志，刘培林，等，2019. 高质量发展的目标要求和战略路径 [J]. 管理世界（7）：1-7.

张敏，2018. 创新生态系统视角下特色小镇演化研究 [D]. 苏州：苏州大学.

张其仔，2008. 比较优势的演化与中国产业升级路径的选择 [J]. 中国工业经济（9）：58-68.

张喜艳，刘莹，2020. 经济政策不确定性与消费升级 [J]. 经济学家（11）：82-92.

张颖熙，2014. 中国城市居民服务消费需求弹性研究——基于 QUAIDS 模型的分析 [J]. 财贸经济（5）：127-135.

张颖熙，夏杰长，2011. 服务消费结构升级的国际经验及其启示 [J]. 重庆社会科学（11）：54-64.

张颖熙，夏杰长，2017. 以服务消费引领居民消费升级：国际经验与中国选择 [J]. 北京工商大学学报（社会科学版）（6）：104-112.

赵敏，张卫国，俞立中，2009. 上海市能源消费碳排放分析 [J]. 环境科学研究，22（8）：984-989.

周建，杨秀祯，2009. 我国农村消费行为变迁及城乡联动机制研究 [J]. 经济研究（1）：83-95.

周密，刘秉镰，2017. 供给侧结构性改革为什么是必由之路？——中国式产能过剩的经济学解释 [J]. 经济研究，52（2）：67-81.

周清香，2021. 环境规制对黄河流域高质量发展的影响机制研究 [D]. 西安：西北大学.

周文，倪瑛，常璨元，2016. 中国消费者境外消费的特点、成因与供给侧结构性改革 [J]. 学术研究（6）：92-96.

朱金凤，杨鹏鹏，2011. 公司慈善行为提升企业价值吗？——基于面板数据模型的实证研究 [J]. 经济管理，33（12）：52-59.

朱丽叶·斯格尔，2010. 过度消费的美国人 [M]. 重庆：重庆大学出版社.

朱雅玲，2020. 地方政府竞争、公共品供给与消费 [J]. 消费经济，36（3）：74-84.

邹红，彭争呈，栾炳江，2018. 新时代我国新消费的发展与挑战 [J]. 消费经济（5）：3-8.

Ahmed A D & S Suardi，2009. Macroeconomic volatility，trade and financial liberalization in Africa [J]. World Development，37（10）：1623-1636.

Alan D E Brauw，Scott Rozelle，2008. Migration and household investment in rural China [J]. China Economic Review，19（2）：320-335.

Ang J B，2011. Finance and consumption volatility：Evidence from India [J]. Journal of International Money and Finance，30（6）：947-964.

Arellano M，Bond S，1991. Some tests of specification for panel data：Monte Carlo evidence and an application toemployment equations [J]. Review of Economic Studies，58（2）：277-297.

Athreya Kartik B and Tam Xuan S，2015. Loan Guarantees for Consumer Credit Markets [J]. Economic Quarterly，100（4）：297-352.

Barell R & E P Davis，2007. Financial liberalization，consumption and wealth effects in seven OECD countries [J]. Scottish Journal of Political Economy，54（2）：254-267.

Baumol W J，1967. Macroeconomics of Unbalanced Growth：the Anatomy of Urban Crisis [J]. American Economic Review，57，415-426.

Bayoumi T，1993. Financial deregulation and consumption in the United Kingdom [J]. The Review of Economics and Statistics，75（3）：536-539.

Bekaert G C R Harvey and C Lundblad，2006. Growth volatility and financial liberalization [J]. Jourmnal of international money，and finance，25（3）：370-403.

Blanciforti L，Green R，1983. An almost ideal demand system incorporating habits：an analysis of expenditures on food and aggregate commodity groups [J]. Review of economics and statistics，65（3）：511-515.

Boppart T，2014. Structural Change and the Kaldor Facts in a Growth Model with Relative Price Effects and Non－Gorman Preferences [J]. Econometrica，82：2167－2196.

Bruce E Hansen，1999. Threshold effects in non－dynamic panels：Estimation，testing，and inference [J]. Journal of Econometrics，93 (2)：345－368.

Caporale G M & G Williams，2001. Monetary policy and financial liberalization：the case of United Kingdom consumption [J]. Journal of Macroeconomics，23 (1)：177－197.

CarmenTanner，SybilleWelfingKast，2002. Promoting Sustainable Consumption：Determinants of Green Purchases by Swiss Consumers [J]. Psychologyand Marketing，20 (10)：883－902.

Chen Z Lu，M Lu，2015. "Urban System and Urban Development in the People's Republic of China [R]. Working Paper of Asian Development Bank.

Colin Clark，1940. The Conditions of Economic Progress [M]. London：Macmillian.

Duarte R，Alcantara V，2003. Consumption Structureand Atmospheric Pollutionin Spain：Towards a Higher Sustainability [J]. International Journal of Consumer Studies，27 (3)：237－238.

Duesen Berry J S，1949. Income，saving，and the theory of consumer behavior [M]. Cambridge：Harvard University Press.

Feldstein M，1974. Social security，induced retirement and aggregate capital accumulation [J]. Journal of political economy，82 (5)：905－926.

Ferreira D，2015. The time－(in) variant interplay of government spending and private consumption in brazil [J]. Economia Aplicada，19 (3)：429－454.

Florida Richard，2002. The Rise of the Creative Class：And How It's Tranforming Worh，Leisure，Community，and Everyday Life. New York：Basic Books.

Frank T Denton，Dean C，2011. Mountain. Exploring the effects of aggregation error in the estimation of consumer demand elasticities [J]. Economic Modelling，28 (4).

Gaurav Nayyar，2009. The Demand for Services in India，A Miror Image of Engel Law for Food [J]. American Behavioral Scientist：435－463.

Glaeser E L，J Kolko and A Saiz，2001. Consumer City [J]. Journal of Economic Geography，1：27－50.

Goldstein M，Khan M S，Officer L H，1980. Prices of tradable and nontradable goods in the demand for total imports [J]. The Review of economics and Statistics：190－199.

Grant McCracken, 1990. Culture cand Consumption: New A pproaches to the Symbolic Character of Consumer Goods cnd Activities [J]. Bloomington: Indian University Press: 123.

H Yigit Aydede, 2007. Saving wealth A case of turkey [M]. Available at SSRN.

Harald Payer, Petra Burger, Sylvia Lorek, 2000. Food Consumptionin Austria Driving Forces and Environmental Impacts [J]. OECD CaseStudy Austria, 11: 23-31.

Heinrich Hock, David N Weil, 2012. On the dynamics of the age structure, dependency, and consumption [J]. Journal of Population Economics, 25 (3): 1019-1043.

HO T W, 2002. The government spending and private consumption: a panel cointegration analysis [J]. International review of economics and finance, 10 (1): 95-108.

HO T W, 2010. Consumption and government spending substitutability revisited: evidence from Taiwan [J]. Scottish journal of political economy, 48 (5): 589-604.

James Le sage, Rorert K, 2009. Introduction to spatial Econometrics [M]. New York: CRC Press.

Jappelli T & M Pagano, 1989. Consumption and capital market imperfections: an international comparison [J]. The American Economic Review, 79 (5): 1088-1105.

Juan R A, Carlos U, 2008. Security reform with uninsurable income risk, and endogenous borrowing constrains [J]. Review of economic dynamics, 11 (1): 83-103.

Kantor S E, Fishback P V, 1996. Precautionary saving, insurance, and the origins of work's compensation [J]. The journal of political economy, 104 (4): 419-442.

Kim S S H Kim and Y Wang, 2006. Financial integration and consumption risk sharing in east Asia [J]. Japan and the World Economy, 18 (20): 143-157.

Kose M A E S Prasad and M E Terrones, 2003. Financial integration and macroeconomic volatility [R]. IMF Staff Papers, 50, 119-142.

Krugman Paul, 1991. Geography and Trade [M]. Cambridge: MIT Press (MA).

Lee S, 2010. Ability Sorting and Consumer City [J]. Journal of Urban Economics, 68 (1): 20-33.

Levchenko A A, 2005. Financial liberalization and consumption volatility in developing countries [R]. IMF Staff Papers, 52 (2): 237-259.

Liobikiene G, Mandravickaite J, 2013. Convergence of new members of the EU: Changesin Household Consumption Expenditure Structure Regarding Environmental Impact During the Prosperous Period [J]. Environment Development & Sustainabilty, 15 (2): 407-427.

LüHRMANN M, 2005. Population Aging and the Demand for Goods and Services [Z]. Mea Discussion Paper.

Manova Kalina and Zhihong Yu, 2017. Multi - product firms and product quality [J]. Journal of International Economics, 109: 116 - 137.

Mayer T, Melitz M J, Ottaviano G I P, 2014. Market size, competition, and the product mix of exporters [J]. The American Economic Review, 104 (2): 495 - 536.

Michael Schade, Sabrina Hegner, Florian Horstmann, et al. , 2016. The impact of attitude functions on luxury brand consumption An age - based group comparison [J]. Journal of Business Research (69): 314 - 322.

Mikael Skou, Andersen, Ilmo Massa, 2002. Ecological Modernization - origins, Dilemmasand Future Directions [J]. Journal of Environmental Policyand • Planning, 2 (4): 337 - 345.

Montfort M, Rene T, Sampa Wende J A T, 2017. A Quality of Growth Index for Developing Countries: A Proposal [J]. Social Indicators Research, 134 (2): 675 - 710.

Muellbauer J, 1988. Habits, rationality and myopia in the life - cycle consumption function [J]. Annals of economics and statistics, 112 (9): 47 - 70.

Noorman K J, 1999. Changing lifestyles in Transition Routes Towards Sustainable Household Consumption Patterns [J]. International Journal of Sustainable Development, 2 (2): 231 - 244.

Rbert Gal, Michelle, Lii Vargha, 2017. Household production and consumption over the life cycle: National Time Transfer Accounts in 14 European countries [J]. Demographic Research (36): 905 - 944.

Robert J Barro, 2002. Quantity and Quality of economic growth [R]. Working Papers Central Bank of Chile: 1 - 39.

Samwick A, 2000. Is pension reform conductive to higher saving? [J]. The review of economics and statistics, 82 (5): 264 - 272.

Shim Young, 2016. Comparison in Consumption Expenditure Structure of Households by aLevel of Relative Deprivation [J]. Korean Journal of Human Ecology, 25 (1): 39 - 54.

Sobel M E, 1982. Asymptotic confidence intervals for indirect effects in structural equation models [J]. Sociological methodology, (13): 290 - 312.

Soto M, 2009. System GMM estimation with a small sample [R]. UFAE and IAE

Discussion Paper.

Staffan B Linder，1961. An essay on trade and transformation [D]. Stockholm：Almqvist and Wicksell.

Tiebout C M，1956. A Pure Theory of Local Expenditures [J]. Journal of Political Econormy：63 - 64.

Tufano P，2009. Consumer Finance [J]. Annual Review of Financial Economics，1 (1)：227 - 247.

Warr P G，1987. Export Promotion Via Industrial Enclaves：The Philippines Bataan Export Processing Zone [J]. The Journal of Development Studies，23：220 - 241.

Wouter Zant，2005. Social security wealth and aggregate consumption An extended life - cyclemodel estimated for The Netherlands [M]. De Economist.

后　记

党的十八大以来，习近平总书记就我国消费和消费经济发展发表了一系列重要论述，在2017年5月中央政治局集体学习推动形成绿色发展方式和生活方式时，习近平总书记提出“倡导推广绿色消费”，提倡节约适度、绿色低碳、文明健康的生活方式和消费模式，反对奢侈浪费和不合理消费。

进入新时代，面临严峻的国内外经济发展局势，我国提出了要加快形成以国内大循环为主体、国内国际双循环相互促进的新发展格局。要想顺利实施内循环路线，落脚点是要有效扩大国内需求，但目前我国经济面临着供给过剩、内需不足的双重难题，在新常态下原本由投资和出口拉动经济的效果近几年愈发不明显。与此同时，我国消费市场仍有很大的提升空间，2022年我国居民消费占GDP比率只有40%左右，远低于美国、英国，与日本、韩国、印度等也有很大的差距，尚未充分发挥消费对经济发展的基础性作用，依靠消费促进经济发展的空间依然存在。面对国内外严峻形势，如何有效提升居民消费成了我国长久发展的关键一环，事关发展模式转型升级，对我国由高速发展向高质量发展转变有着极其重要的意义。

目前我国绿色消费模式和绿色生活方式还未形成，消费理念落后、消费主义盛行让生态问题雪上加霜。而“生态问题归根到底是经济发展方式问题”。居民消费升级会改变消费结构和消费品质，进而引导转变经济发展方式，有助于纾解经济发展与环境保护之间的冲突。如果消费升级在大部分居民那里实现，将对经济高质量发展产生强大的推动力，有助于经济发展质量的提升。

《居民消费升级与经济高质量发展：理论机理与实证检验》这本书，就是作者基于以上思考并结合我国现实情况开展研究而结出的一枚果实，希望可以拓宽消费升级与经济高质量发展研究视角，为经济高质量发展提供理论支撑，同时也能够丰富消费升级的理论与实践。本书是浙江省博士后科研择优资助项目“共同富裕导向下精英俘获对浙江山区县域城乡融合发展的影响研究（ZJ2022040）”、浙江省软科学研究计划项目“共同富裕示范区建设背景下浙江县域城乡高质量融合发展机制与路径研究（2022C35011）”的理论成果，特别感谢项目的经费资助。本书也汲取了其他有关项目的研究成果，如浙江省高校重大人文社科攻关计划青年重点项目“县域城乡融合发展中的精英俘获：机制解析、效应测度与策略选择（2023QN023）”、浙江省教育厅一般科研项目“丽水生态产品价值实现的共同富裕效应及实现路径研究（Y202250205）”、丽水市哲学社会科学规划重点项目“丽水建设共同富裕山区样板的推进机制研究（LSZD202203）”、丽水市软科学研究计划项目“基于共同富裕示范区建设的丽水县域城乡融合发展机制研究（2022RKXO7）”等。

居民消费升级与经济高质量发展的关系研究是一个热点学术议题，本书充分吸收和借鉴已有的研究成果，特别是借鉴新发展理念作为经济高质量发展的分析框架，基于创新、协调、绿色、开放与共享的角度设计了经济高质量发展的评价指标体系，并收集全国及区域样本数据进行实证研究，是具有较强创新性的研究工作。然而，在这个新兴的研究领域，由于作者的理论水平和实践经验的限制，研究中难免存在纰漏之处，需要在后续跟踪和深化研究中予以特别关注。另外，作者虽尽可能标明重要的文献来源，但面对浩瀚的文献，也难免会遗漏一些。因此，作者期待着更多的学人投入这一研究领域，也期待着同仁对本书的不足之处提出批评和建议。

董建博　张敏

2023 年 8 月